U0077213

教保實務 I

鄭玉珠　著

編輯大意

❶ 本書係依據教育部民國八十七年九月頒布之家事職業學校「教保實務 I、II」課程標準編輯。

❷ 全書分 I、II 兩冊,供家事職業學校幼保科第三學年,第一、二學期每週七節教學之用,每學期各七學分,共十四學分課程。

❸ 本書教學目標:

(1)明瞭教保實務的意義與範圍

(2)充實教保活動經驗

(3)體認教保人員的責任與倫理

❹ 本書編排架構:

(1)學習目標:讓學生了解各章學習目標、重點

(2)引言:引導學生快速入門,了解各章學習內容

(3)動動腦:引導學生思考、腦力激盪各章特點

(4)摘要:以簡明扼要的文字,引導學生了解各章內容全貌

(5)立即挑戰:評量學生學習狀況

(6)想一想:多思考、多討論,培養學生省思探究精神

❺ 書中文字力求簡明扼要,期能透過引言提升學習興趣與效果。

❻ 本書編校十分嚴謹,仍恐有疏漏之處,尚祈教育先進惠予指正,使本書更趨完善。

❼ 本書部分插圖承林靜宜、林慧雯姊妹鼎力相助完成,特此致謝。

作者簡介

鄭玉珠

學歷

私立中國文化大學家政學系
國立台灣師範大學家政教育研究所（暑期部）

經歷

私立復旦中學幼保科主任兼附設幼稚園園長
桃園縣幼教聯誼會創會會長
桃園縣教育局幼教輔導員
台南市家庭教育中心親職教育列車講師
台南縣（市）家庭教育扶助中心講師

現任

國立曾文家商幼保科主任兼附設托兒所主任
丙級保母檢定監評

目　次

Chapter 1

緒 論

學習目標

- 認識教保實務的意義與範圍
- 了解教保實務的內容、事前準備要項
- 知道教保實務的計畫知能
- 知道教保實務評鑑要項及重點
- 培養學習教保實務知能的興趣

引言→安的故事

安，從小就立志將來要從事幼教工作，然而想成爲幼教師必須先接受專業訓練。

於是，安選擇在高中開始接觸幼兒教育，學習嬰幼兒發展與保育、幼兒教保概論、教保活動設計……等教保相關專業課程，但在學習過程中，安產生很多的矛盾、衝突；因爲回想自己在幼兒時期，老師給她的都是單一的「正確答案」、「囝仔人，有耳無嘴」……的概念，如今學到的是：幼兒是靈活的，應以多元啓發的教育方式，讓每個幼兒能適性發展，這樣的教育理念和安的認知有很大的衝突，安該怎麼辦呢？

爲了解開安的矛盾、衝突情結，老師引領著安一邊看（參觀）、一邊做（見習、實習），經過不斷省思探究，安慢慢地沒有那麼多的矛盾與衝突──這就是教保實務。

 動動腦

讀完安的故事，三五好友討論一下，教保實務的功能爲何？教保實務應包含那些內容？

第一節
教保實務的意義與價值

　　社會變遷的腳步太快，致使傳統的大家庭、折衷家庭被小家庭、單親家庭，甚至重組家庭所取代，這種家庭結構的改變，導致家庭功能不彰，社會問題層出不窮。我們都知道，個體的早期經驗，可能會影響其未來的成長發展，因此由保育機構提供幼兒健全的成長環境，就顯得格外重要；而健全的環境必須在家庭、保育機構、社會三方面互相配合下，才能真正發揮功能。

　　環境是人設計的，教保實務所探討的主題，是學習設計讓幼兒適性發展的環境和活動，並以培養優秀專業的幼教工作者為目標。接下來，僅就人的培養，也就是培養專業幼教工作者這一部分和大家一起深入探討。

 ## 壹　教保實務的意義

　　教保實務指學習教學、保育的實際事務，它是一種理論知識與實際事務結合的學習過程。即學生在學習教學、保育相關專業理論課程後（如圖 1-1），為了讓其印證學理，安排學生在實際的工作場合，透過邊做邊學的方法，來獲得實際有用技能的學習過程（如圖 1-2）。簡單地說，就是學生把所學的教保理論知識與技能，實際運用在職場上的學習過程，稱為教保實務的意義。

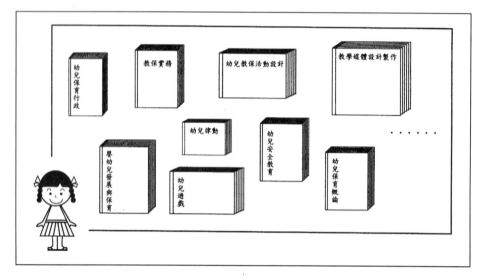

圖 1-1　教保實務前學生應先學習的專業理論課程

親愛的同學：

　　時間過得很快，一轉眼已經高三了，回想這兩年多來學習專業理論課程時，相信一定有快樂、有焦慮、有……，沒關係，就讓我們趁這個機會重新感覺一下吧！

・在專業課程中，讓我印象最深刻的課程是：

　　原因：

・我最喜愛的幼教學者，是：

　　原因：

・關於幼保我想說：

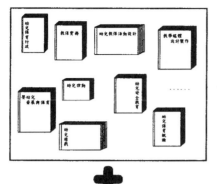

專業理論課程

參觀

見習

實際運用於教保活動

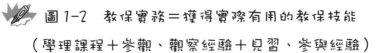

圖1-2　教保實務＝獲得實際有用的教保技能

（學理課程＋參觀、觀察經驗＋見習、參與經驗）

教保實務的價值

教育家歐森（E. G. Olsen）在《學術與社區》一書中，指出教保實務具有以下六項價值（李園會等，民77，幼稚園教育實習）：

一、提供職業指導與職業體驗的機會。

二、培養對工作的健全態度。

三、獲得與工作有關的各種其他條件直接接觸的機會。

四、在與長期從事該工作的長輩接觸中，獲得有關的態度與教訓。

五、思考與行動獲得密切的關聯。

六、學習與工作同事相處之道，培養敬業樂群的精神。

師大黃炳煌（民70）在〈師範院校教育實習之檢討〉，指出教保實務含驗證、發展、評鑑、統整及發現等五項價值。

綜合以上兩位學者看法，教保實務的價值歸納如下：

一、驗證學理，獲得教保工作的實際知能。

二、提供職業指導，獲得教保工作者的啟發性經驗。

三、訓練應變能力，培養思考及統整能力。

四、培養敬業樂群的精神，陶冶教保工作者的使命感。

五、培養主動探究精神，奠定終身學習及生涯規畫之基礎。

教保實務是計畫（準備）、執行（直接經驗）、評鑑（省思）、統整（組織）的過程，期盼學生在學習後能對教保工作有正確的認識，具備健全的工作態度，並以成為優秀專業教保工作人員為目標。

第二節
教保實務的範圍

教保實務的範圍包含參觀、見習、教保實習和行政參與等四項（如圖 1-3），內容分述如下：

 壹　參觀

參觀是讓學生直接認識各種兒童福利機構，及相關事業機構的最有效方法，其內容如下：

一、參觀各種教保模式幼兒園（所）教學、環境及行政措施……等。

二、參觀各級兒童福利機構，如：育幼院、兒童醫院、托嬰中心……等。

三、參觀教保相關事業機構，如：玩具公司、兒童讀物出版社、布偶劇團……等。

四、參觀社會行政機構、文化機構及幼教組織，如：社會局、文化中心、幼教學會……等。

五、參觀名勝古蹟、特殊人文景觀，如：赤嵌樓、安平古堡、國家公園……等。

 貳　見習

見習是學生在實習機構輔導教師的指導下邊看、邊做，來獲得直接經驗的一種方式，其內容如下：

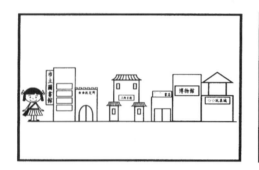

參觀

見習

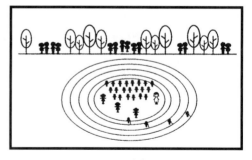

教保實習　　　　　　　　　行政參與

圖 1-3　教保實務的範圍

一、見習各種教保模式教保內容與技能。

二、見習各級兒童福利機構服務內容與技能。

三、見習班級經營技能,如:生活常規的建立與管理、偶發事件的處理……等保育行政參與。

四、見習幼兒園(所)餐點設計與製作實務。

五、見習接送幼兒的技能。

六、見習家庭訪問相關事宜。

七、參與記錄幼兒社會化行為、學習狀況……等觀察記錄。

 參 教保實習

教保實習是學生於短時間內,在實習指導教師的協助下,獲得實際教保經驗與基本教保知能的活動,其基本實習內容如下:

一、準備階段

㈠了解實習機構教保理念、特色。

㈡了解實習機構教保內容、方式。

㈢認識實習機構環境及社區環境。

㈣設計教學活動。

㈤預習試教。

㈥預習試教檢討。

二、實習階段

㈠與實習機構輔導教師聯繫教保相關事宜,如:生活作息、幼兒姓名、教保工作內容……等。

（二）編寫教學活動。
（三）布置教學情境。
（四）準備教材、教具。
（五）實地教學及檢討。

三、評鑑階段

（一）與實習機構輔導教師研討教學優缺點。
（二）省思探究、撰寫教保實習報告。

肆 行政參與

　　行政參與是讓學生了解教保工作的行政事務，訓練臨機應變能力，培養解決問題能力的活動，其內容如下：

一、導護工作的參與，如：室內外活動時的導護、接送幼兒……等安全導護。

二、參與生活輔導，如：洗手、穿脫衣服、收拾整理……等生活自理能力的培養。

三、參與意外事件、偶發事件的處理。

四、參與幼兒園（所）及社區各項活動，如：舉辦親職教育活動、衛生教育宣導活動……等。

五、其他行政事務參與，如：家庭訪問、家長交辦事項之處理、教學資源室管理……等。

　　雖然以上四項為教保實務的範圍，不過幼兒是靈活的個體，隨時都可能出現突發狀況，身為幼教工作者一定要有願意多看、多做、多學的態度，才能妥善處理突如其來的一切變化。

第三節
教保實務的計畫與準備

　　凡事若能於事前做好具體明確的計畫、充分的準備，不但能減輕心理壓力，還能順利達成預期目標。

 ## 壹　教保實務的計畫

　　所謂教保實務計畫，是指為達成教保實務課程既定的教學目標，經由理性分析，設定具體工作項目與程序步驟的一種過程。一個完整的計畫應具有「意義性」、「明確性」、「可行性」、「適應性」與「統整性」五大原則，茲分述如下：

一、意義性：指計畫本身應該能夠對參與計畫的有關人員，產生積極的教育意義。

二、明確性：指計畫的要項是具體明確的。

三、可行性：指各項工作計畫是可以實現的、可以做到的。

四、適應性：指計畫內容能因應不同的變動而有調整之空間。

五、統整性：指計畫本身包含各個學習層面，並作統整考量，即內容是統整多層面的，不是零碎片面的。

　　根據上述五大原則，本書以高職幼保科學生為對象，從學校（高中職校）及學生（幼保科學生）兩方面，來說明教保實務計畫的內容。

一、學校方面

　　學校在研擬統整性的教保實務計畫時，應依據課程標準及相關

法令，以陶冶正確職業道德與倫理觀念的專業教保人員為目標。請參考以下的「（校名）幼保科教保實務實習輔導計畫」。

（校名）幼保科教保實務實習輔導計畫

一、依據教育部民國八十七年九月頒布之家事職業學校幼保科課程標準，特訂定本計畫。

二、目標

　㈠驗證學理，獲得教保工作人員的基本知能。

　㈡訓練應變能力，培養省思探究與統整能力。

　㈢培養溝通、表達能力，增進行政處理效能。

　㈣培養樂觀開朗、勤儉、積極的職業道德觀。

　㈤陶冶教保工作人員的使命感與倫理觀念。

三、實習進程採逐步進階方式進行，先參觀、觀摩、見習再實作。

四、實習內容依幼保科學生實習流程，另訂實習須知、實習評量方式。

五、為落實教保實務課程教學目標，培育專業教保人員，特成立實習指導委員會，委員會組織、工作職掌如下：

　㈠實習指導委員會組織

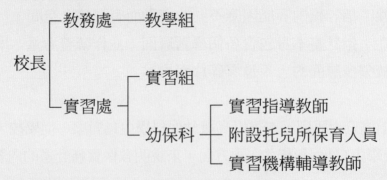

　㈡實習指導委員會負責規畫整體實習事宜，各組工作職掌如下：

　　1. 校長：綜理實習相關事宜。

（下頁續）

（續上頁）

2. 實習處

　(1)策畫、推動各項實習工作。

　(2)籌備、召開各項實習會議、座談會。

　(3)辦理校內教保實習、校外集中實習各項相關事宜。

　(4)徵求實習機構，辦理實習機構簽約事宜。

　(5)組成訪視小組，進行訪視輔導。

3. 教務處

　(1)安排各項實習期間。

　(2)審核參觀實施計畫。

4. 教學組：安排實習期間課程事宜。

5. 實習組

　(1)按規定進度，執行各項實習相關工作。

　(2)聯繫實習機構實習相關事宜。

　(3)邀請實習機構參與各項座談會。

　(4)辦理實習公文之收發、登記事宜。

　(5)彙整各項實習報告、座談會會議記錄、訪視記錄。

　(6)核算學生實習成績。

6. 幼保科

　(1)設計各階段實習內容、實習須知、實習評量表。

　(2)提供有關參觀、集中實習等活動之必要支援與服務。

　(3)參與各項實習會議、座談會。

　(4)彙整評閱各項實習報告。

　(5)協助處理各項實習事宜。

　(6)遴選實習機構輔導教師。

7. 實習指導教師

（下頁續）

（續上頁）

(1)督導實習生確實完成各階段實習工作。

(2)指導實習生製作實習手冊、幼兒成長書。

(3)辦理實習生教學成果展示、參觀活動事宜。

(4)協助實習生解決實習期間所面臨之各種問題。

(5)訪視輔導後填寫訪視記錄表。

(6)彙整評閱參觀、見習、教保實習……等各項報告。

8.附設托兒所保育人員

(1)指導實習生各項實習事宜。

(2)協助實習生製作實習手冊、幼兒成長書。

(3)評量校內實習成績、教保實習成績。

(4)協助實習生解決實習期間所面臨之各項問題。

9.實習機構輔導教師

(1)指導、協助實習生完成集中實習期間各項事宜。

(2)每日與實習生討論實習優缺點。

(3)協助實習生解決實習期間所面臨之各項問題。

(4)填寫集中實習考核表、評閱實習心得。

(5)實習生實習期間，能主動與學校聯繫實習相關事宜。

六、實習輔導方式

(一)校內教保實習

依本校幼保科學生實習流程輔導：

1.高一、高二校內實習期間，附設托兒所保育人員依據校內實習須知（如表1-5，第27頁）、輪值表（如附錄四，第162頁）指導實習生實習，並於實習當日評量，於課後與實習生討論或指導。

2.高三上教保實習前，應依實習指導教師規定訂定實習工作分配計畫，於實習結束經由實習指導教師指導完成實習手冊。

14

（下頁續）

（續上頁）

3.實習指導教師應視實際需要，透過「分組討論」與「團體討論」的方式，引導實習生去思考問題、解決問題，期使理論與實務密切結合。

4.為使實習生能充分了解幼兒身心發展，實習指導教師應指導實習生為特定幼兒完成一本「成長書」。

5.實習指導教師與附設托兒所保育人員，應協同指導實習生完成教學活動設計、情境布置……等教保實務前的各項準備工作，並於實習結束利用課餘時間與實習生討論實習缺失。

(二)校外集中實習

高三下學期實施，輔導方式如下：

1. 訪視輔導

⑴實習期間，實習指導教師應自行排定時間至實習機構訪視實習生，以了解實習情形，並填寫訪視記錄，交實習組彙整。

⑵實習指導教師於訪視實習機構前，應先通知受訪單位及實習生，訪視時至教室觀察實習生教保實習情形，於課後與實習生討論或指導。

⑶實習生與實習機構輔導教師發生衝突，應即通知學校，由實習指導教師協助處理。

2. 遠距輔導

⑴實習指導教師可透過電話，主動諮詢實習生在實習機構的實習情形。

⑵實習生可透過電子郵件信箱，與實習指導教師討論、研究實習相關事宜。

（下頁續）

（續上頁）

(3)實習指導教師可透過電腦網路，提供最新教保資訊或指定思考題綱。

3. 日常輔導

(1)實習機構輔導教師應指導實習生完成教保實習（試教）前，及教保實習過程中的各項實習計畫工作。

(2)實習結束，實習生應繳交實習報告、心得報告予實習機構輔導教師，實習機構輔導教師應依據報告內容輔導實習生省思探究，以培養其解決問題能力。

4. 實習檢討報告、實習機構評量

實習結束返校，實習生應填寫實習心得報告，並參加由實習處召開之實習檢討座談會，以實習機構為單位，填寫實習機構評量表，作為遴選實習機構之依據。

5. 繳交實習手冊，由實習指導教師批閱。

6. 校外集中實習成績評量

(1)實習機構考核成績占 40%。

(2)實習指導教師訪視考核成績占 20%。

(3)實習手冊（由實習指導教師考核）占 40%。

七、實習輔導所需經費，依據本校各項經費規定辦理。

八、本實習輔導計畫經校長核准後實施，修訂亦同。

二、幼保科學生方面

學生在進行教保實習前，應依據實習相關規定，並配合本身能力、興趣、需要，選擇適合各階段任務的實習機構，再依據實習機構的特色編寫實習計畫。實習計畫內容包含：(1)個人基本資料；(2)實習機構基本資料；(3)實習期間；(4)實習目標；(5)實習內容及進度

等五項（如表 1-1）。

貳　教保實務的準備

依幼保科學生實習內容流程（如表 1-2），來訂定各階段學習任務的實習計畫，計畫後緊接著的是準備工作；茲以高三教保實習前的準備為例，說明如下：

一、觀摩教學

觀摩教學班級應為分組試教班級，準備工作如下：

㈠分組：兩人為一小組（兩人一組可互相照應），五～六小組（約 10～12 人）為一大組，將全班分成四大組，由學生自行選組（如表 1-3）。

㈡準備記錄簿、筆和錄音機：記錄教學技巧、幼生學習狀況，及幼生與人、情境互動情形……等。

㈢驗證學理：將觀摩情形與幼兒身心發展、教學原則、教學法……等學科相驗證，以了解理論與實務之異同。

㈣熟記幼生姓名、特徵，有利試教活動之進行。

㈤認識實習機構社區環境，了解實習機構發展沿革、教育理念、教學特色及其他相關事項，如：家長背景……等。

二、分組試教

每一大組以試教同一主題之原則，安排每一小組學生試教同一班級，學生較能體會教保活動設計的程序性、繼續性、統整性之特點（如表 1-4），準備工作如下：

㈠了解試教主題內容，決定教學法。

㈡編寫教學活動，設計評量方式。

㈢準備教材、教具，布置學習情境。

三、行政實習

㈠熟悉兒童福利機構相關法令。

㈡熟悉教保行政管理工作內涵。

㈢熟悉各種活動通知內容要項。

㈣學習電話禮儀、應對進退禮節。

四、室內外導護及生活輔導工作

㈠了解實習機構生活作息、生活常規。

㈡了解實習機構生活輔導的重點及作法。

㈢了解實習機構導護工作重點、困難及處理流程。

五、家庭聯繫

㈠填寫家訪或家庭聯繫單基本資料，了解幼生家長背景、家庭生活……等相關資料。

㈡熟悉家庭訪問實施時應注意之細節。

㈢與實習機構輔導教師討論，了解家庭訪問時遭遇的困難及相關事項，以利家庭聯繫工作之推動。

六、製作幼兒成長書

㈠搜集幼生及家長基本資料。

㈡設計各種觀察目的的觀察記錄表、評量表。

㈢準備記錄簿、筆、錄音機、照相機⋯⋯等記錄幼兒成長必須之設備。

　　教保實務準備工作，會隨著社會變遷、教育政策、實習機構的不同而有所差異。上述之準備事項僅提供實習生參考。相信只要每位實習生都能在實習前做好萬全準備，一定也能在實習過程中充滿信心，享受到喜悅、充實的感受。

圖1-4　幼保科學生聽取實習指導教師說明教保實習準備工作

表 1-1 （校名）實習生教保實習計畫表

實習生：		
地　址：		電話：

實習機構：		負責人：
地　　址：	電話：	傳真：
實習期間：　年　月　日至　年　月　日		

一、實習目標：

二、實習內容及進度：

日　期	實　習　內　容　及　進　度	備　註

實習指導教師：　　　　　　　　　　實習機構輔導教師：

表 1-2　（校名）幼保科學生實習內容流程

召開幼保科座談會
說明附設托兒所管理規則、校內實習須知、實習評量方式及內容

高一附設托兒所實習內容
參觀、餐點實務、室內外導護工作、生活輔導、門口接幼兒

高二附設托兒所實習內容
觀察、室內外導護工作、生活輔導、門口接送幼兒、行政參與（接聽電話、辦公室及教學資源室管理）、見習（播放晨間音樂、教學參與）、學習保育體操

高三上附設托兒所教保實習內容
觀摩教學、分組試教（設計保育體操、設計教學活動、布置教學情境）、行政實習（擬活動通知）、室內外導護工作、生活輔導、家庭聯繫、製作幼兒成長書

高三下校外集中實習、職業輔導

✎ 表1-3 （校名）○○學年度第○學期幼三甲教保實習分組表

組別	一	二	三	四
實習期間	9月28日 至 10月29日	11月2日 至 11月26日	11月30日 至 12月24日	12月28日 至 1月18日
一	3 尤儷蓉 29 高緻真	1 王欣怡 13 黃芳怡	7 吳佩靜 30 莊雅惠	12 邱曉筠 32 紀雅婷
二	4 江淑君 10 林怡嫈	2 王靖慧 34 蔡玉雯	14 黃靜宜 40 楊舒婷	15 林慧貞 24 陳美黛
三	5 方琴慧 20 曾錦美	8 胡逸芬 9 洪毓婷	16 林靜宜 18 林玉梅	17 林佳貞 39 鄧福容
四	6 李婉茹 22 周慧玲	11 林宛臻 31 溫家瑜	21 周貞儀 26 陳淑芬	28 陳靜文 33 蔡宛儒
五	23 阮聖芳 37 謝婷鈞	19 曾雅暄 45 蘇秋華	25 陳嬿芬 27 陳毓菁	35 蔡佩玲 41 鄭淑敏
六	36 謝筱綺 38 楊釆薇	44 劉碧菁 42 鄭如伶		43 劉靜宜
備註	9月21日 校內參觀	10月1日 10月22日 校外參觀		1月21日 專題研究報告

註：請各組正、副組長（姓名顏色不同者）確實督促組員按時完成各項實習作業。

　　祝大家實習合作愉快！

表1-4 （校名）幼保科教保實習第一大組實習工作分配表

日期			9月28日	10月5日	10月8日	10月12日	10月15日	10月26日	10月29日
試教實習生	綿羊班	1	尤儷蓉 高緻真	尤儷蓉 高緻真	謝筱綺 楊采薇	尤儷蓉 高緻真	尤儷蓉 高緻真	謝筱綺 楊采薇	尤儷蓉 高緻真
		2	謝筱綺 楊采薇	江淑君 林怡嬿	江淑君 林怡嬿	謝筱綺 楊采薇	江淑君 林怡嬿	江淑君 林怡嬿	謝筱綺 楊采薇
	白兔班	1	李婉茹 周慧玲	阮聖芳 謝婷鈞	阮聖芳 謝婷鈞	李婉茹 周慧玲	李婉茹 周慧玲	阮聖芳 謝婷鈞	方琴慧 曾錦美
		2	方琴慧 曾錦美	李婉茹 周慧玲	方琴慧 曾錦美	方琴慧 曾錦美	阮聖芳 謝婷鈞	方琴慧 曾錦美	李婉茹 周慧玲
戶外導護區	A		江淑君 林怡嬿	謝筱綺 楊采薇	尤儷蓉 高緻真	阮聖芳 謝婷鈞	方琴慧 曾錦美	李婉茹 周慧玲	江淑君 林怡嬿
	B		方琴慧	江淑君	謝筱綺	曾錦美	周慧玲	謝婷鈞	李婉茹
	C		李婉茹	尤儷蓉	江淑君	周慧玲	謝婷鈞	曾錦美	謝筱綺
	D		謝筱綺	阮聖芳	方琴慧	楊采薇	高緻真	林怡嬿	江淑君
	E		尤儷蓉	李婉茹	阮聖芳	高緻真	林怡嬿	楊采薇	方琴慧
音樂播放			高緻真	林怡嬿	楊采薇	方琴慧	李婉茹	阮聖芳	曾錦美
保育體操主持			楊采薇 周慧玲	高緻真 謝婷鈞	林怡嬿 曾錦美	李婉茹 謝筱綺	阮聖芳 尤儷蓉	方琴慧 江淑君	周慧玲 高緻真
餐點協助	綿羊班		尤儷蓉 高緻真	江淑君 林怡嬿	謝筱綺 楊采薇	尤儷蓉 高緻真	江淑君 林怡嬿	謝筱綺 楊采薇	尤儷蓉 高緻真
	白兔班		李婉茹 周慧玲	阮聖芳 謝婷鈞	方琴慧 曾錦美	李婉茹 周慧玲	阮聖芳 謝婷鈞	方琴慧 曾錦美	李婉茹 周慧玲
機動（行政）			阮聖芳 謝婷鈞	方琴慧 曾錦美	李婉茹 周慧玲	江淑君 林怡嬿	謝筱綺 楊采薇	尤儷蓉 高緻真	阮聖芳 謝婷鈞
備註			1.戶外導護區 另圖說明 2.導護工作內 容如後說明						

第四節

教保實務的評鑑

　　教保實務的評鑑，即實習指導教師依據教保實務課程目標，藉著各種不同的實習活動，讓學生透過操作、省思探究的過程，所呈現出整體專業能力的表現，此實際專業能力的評估稱為評鑑。

 壹　教保實務評鑑的目的

一、了解學生實際專業能力。
二、了解學生個別發展狀況。
三、了解整體學生各方面實習的表現。
四、作為改進教學及輔導學生的依據。

 貳　教保實務評鑑的重點

一、品行操守。
二、服務態度及敬業精神。
三、溝通表達能力及人際關係。
四、教學能力及幼生生活輔導知能。
五、一般行政能力。
六、偶發事件處理能力與態度。
七、省思探究的精神與態度。

參 教保實務評鑑的內容及方式

一、高一、高二評鑑內容及方式

(一)評量表評鑑

　　根據實習細則、實習流程訂定高一、高二學生校內實習須知（含實習內容，如表1-5），再依據實習須知內容，設計校內實習評量表（如表1-6、1-7）。

(二)實習心得報告

　　學生於學期結束前，應完成一份經過統整、分析，並結合相關教保理論的實習心得報告。

(三)實習日誌

　　了解學生實習情形，評量學生臨機應變能力（如表1-8）。

二、高三上教保實習評鑑內容及方式

(一)計畫、省思探究

　　1.每組製作一本實習手冊，內容如下：

　　　(1)教保實習計畫（如表1-1）。

　　　(2)實習工作分配表（如表1-4）。

　　　(3)討論題綱討論報告（題綱內容，參考表1-9）。

　　　(4)觀摩教學討論報告。

　　　(5)實習檢討會會議記錄。

　　　(6)實習生活點滴。

　　2.實習心得報告：每人至少二篇。

　　3.參觀心得報告：依參觀次數撰寫心得報告（如表1-10）。

㈡教學相關知能評鑑

1. 教學活動設計能力（如表 1-11）。

2. 教學能力評鑑，含教學準備、發展、綜合活動及評量方式之呈現，詳見教保實習試教評量表（如表 1-12）。

㈢專題研究報告

每組製作一份專題研究報告，須於開學一個月內決定主題，學期結束前二週發表研究內容，並舉行討論座談。

㈣幼兒成長書

每位學生認養一位幼生，學期結束前完成一本幼兒成長記錄的小書。

㈤幼兒行為觀察記錄

觀察記錄對象與成長書主角相同，學期結束時應完成一份幼兒某方面發展（觀察行為由學生自定）之觀察記錄。

三、高三下集中實習評鑑內容及方式

㈠教保實習計畫（如表 1-1）、實習手冊（詳見第 II 冊第五章）。

㈡教學相關知能評鑑

1. 教學觀摩活動設計。

2. 教學能力評鑑，詳見集中實習評量表（如表 1-13）。

㈢省思探究

1. 集中實習心得報告。

2. 集中實習檢討報告。

㈣實習手冊

評鑑的方式多元，教師在進行教保實務評鑑前，應該先了解學生的個別差異，隨時觀察記錄，並多方考查學生實習的能力、態度與精神，才能協助學生獲得教保人員實際的專業能力。

表 1-5　（校名）幼保科學生校內實習須知

高一實習同學工作內容：	高二實習同學工作內容：
1.清洗廚具、餐具、流理台。 2.協助備餐。 3.餐點製備空檔，至綿羊班、白兔班見習。 4.關廚房門窗、瓦斯。 5.拖地（含廚房、廁所）。 6.填寫實習日誌。 7.簽名。 8.一點前回教室上下午課程。 註一：門口工作內容 ①開關幼稚園大門。 ②與學生家長問早、道好。 ③登記聯繫幼生家長交辦、叮嚀事項。 註二：戶外導護工作內容 ①幼生戶外活動安全導護。 ②幼生危險動作之預防。 ③協助意外事件之處理。 註三：廚房工作內容 ①協助製備餐點。 ②協助備餐。 ③燒開水、供應茶水。 ④廚房、廁所清潔。	(一)行政： 1.實習前一天至實習處領評量表。 2.填寫評量表基本資料。 3.實習當天上午交指導老師、下午領回。 4.實習隔天交至實習處彙整。 5.負責接聽電話（注意電話禮貌、填寫記錄）。 6.隨時注意大門、側門的開關。 7.整理辦公室、資源室。 8.填寫實習日誌。 9.檢查戶外遊樂設施（填寫記錄）。 10.幼生文具用品使用登記處理（含整理）。 11.下午四點開大門，於門口招呼家長。 12.待大部分幼兒離所，關大門。 (二)綿羊班、白兔班： 1.協助幼生行為觀察記錄。 2.協助教師教學、布置情境、整理環境。 3.隨時與該班導師隨班輔導幼生。 4.下午至廚房領取點心並送回餐盤。 5.幼生返家後整理教室環境。 6.至行政組同學處簽名，填記錄。 註：各班偶發事件請詳細填寫於實習日誌。

注意事項：

1.實習期間一律穿著本校體育服裝。
2.實習期間請注意禮貌、服裝儀容。
3.請遵守實習分組表內所列時間實習。
4.高一實習成績併入嬰幼兒發展與保育課程計算。
5.高二實習成績併入教保活動設計課程計算。
6.本須知所列項目一律列入實習成績計算。

表 1-6　（校名）幼保科學生校內實習評量表

實習日期：　年　月　日　1.考號：＿＿＿　姓名：＿＿＿＿＿　報到時間＿＿時＿＿分

班級：**幼保一**　　　　　　2.考號：＿＿＿　姓名：＿＿＿＿＿　報到時間＿＿時＿＿分

　　　　　　　　　　　　　3.考號：＿＿＿　姓名：＿＿＿＿＿　報到時間＿＿時＿＿分

實習項目＼分數		99～90	89～80	79～70	69～60	59 以下	對實習生的建議
服裝儀容	1						
	2						
	3						
處事主動、積極	1						
	2						
	3						
主動接近幼兒	1						
	2						
	3						
廚具、餐具清洗、擺置	1						
	2						
	3						
流理台清理	1						
	2						
	3						
協助備餐能力	1						
	2						
	3						
廚房地面清潔	1						
	2						
	3						
廁所整體清潔	1						
	2						
	3						
關廚房門窗、瓦斯	1						
	2						
	3						
開水、茶水供應	1						
	2						
	3						
自動協助處理突發狀況	1						
	2						
	3						
應對進退禮節表現	1						
	2						
	3						

說明：1.請填寫基本資料。

　　　2.實習當天上午交指導老師，實習結束領回。

　　　3.實習隔天交至實習處（由行政同學負責彙整）。

　　　4.請評量者於適當分數欄打"✔"。

評量者：

表 1-7 （校名）幼保科學生校內實習評量表

實習日期： 年 月 日 　1.考號：＿＿＿ 姓名：＿＿＿＿＿ 報到時間＿＿時＿＿分

班級：幼保二 　　　　　　　2.考號：＿＿＿ 姓名：＿＿＿＿＿ 報到時間＿＿時＿＿分

　　　　　　　　　　　　　　3.考號：＿＿＿ 姓名：＿＿＿＿＿ 報到時間＿＿時＿＿分

實習項目＼分數		99～90	89～80	79～70	69～60	59 以下	對實習生的建議
服裝儀容	1						
	2						
	3						
處事主動、積極	1						
	2						
	3						
主動接近幼兒	1						
	2						
	3						
戶外安全導護知能	1						
	2						
	3						
大門、側門的管理	1						
	2						
	3						
辦公室、資源室的清潔	1						
	2						
	3						
參與教學活動知能	1						
	2						
	3						
主動協助幼兒處理生活相關知能	1						
	2						
	3						
活動室地面清潔	1						
	2						
	3						
走廊、洗手台清潔	1						
	2						
	3						
自動協助處理突發狀況	1						
	2						
	3						
應對進退禮節表現	1						
	2						
	3						

說明： 1.請填寫基本資料。

　　　 2.實習當天上午交指導老師，實習結束領回。

　　　 3.實習隔天交至實習處（由行政同學負責彙整）。

　　　 4.請評量者於適當分數欄打 "✓"。

評量者：＿＿＿＿

表 1-8 （校名）幼保科學生校內實習日誌

| 第　週　年　月　日星期　天氣 | 填表者 | 高一 | |
| | | 高二 | |

| 同組實習同學 | 高一 | |
| | 高二 | |

單元		餐點	
實習過程	一、（　）班 二、（　）班 三、戶外導護	實習過程	
偶發事件		處理情形	
其他			

實習組長：　　　　科主任：　　　　指導教師：

表 1-9　教保實務課程討論題綱

一、安全管理方面：

　1. 請舉出本校附設托兒所室內外設施中，容易發生意外之地點（繪圖說明），並討論造成原因及預防之道。

　2. 請討論幼兒在那些動作出現時，容易造成意外，及應如何進行輔導。

　3. 在托兒所實習期間，整組同學應如何做好安全防護工作？

二、衛生管理方面：

　1. 製作幼兒餐點前，應做好那些準備工作？

　2. 如何預防幼兒發生食物不適情況？

　3. 如何有效預防腸病毒？（請就教保設施、教保活動、教保人員等方面討論）

三、專業素養方面：

　1. 請依自己性向、能力，設計安排讓自己成為一優秀幼教工作者之實習計畫。

　2. 請檢討讓自己成為優秀幼教工作者，應再加強之能力，並規畫如何達成。

　3. 請列舉二項在幼教工作過程中可能會發生的困擾事件，並說明解決之道。

　4. 在幼教工作過程中，如何避免與主管、同事發生衝突？

四、其他：

　1. 如何輔導新生適應入園生活？

　2. 幼兒入園自由活動時間，應安排那些活動較理想？

　3. 請討論進行說故事活動前，應準備事項為何？

　4. 週一上午宜安排那一類活動，較適合幼兒需要？

　5. 餐點活動的實施方式有那些？試說明其優缺點。

　6. 幼兒園的親子活動可透過那些方式實施？試舉例說明。

　7. 如何讓幼兒留下一個永難忘懷的慶生會？試舉一例說明之。

　8. 如果某位幼兒常喜歡走來走去、不參與活動，妳會如何處理？

註：①討論題綱活動記錄，附在實習手冊內評量。

　　②專業素養 *1. 2.* 項請每位同學自行規畫後，寫在實習報告作業。

請同學們於討論過程中，保持民主風度，讓彼此留下好印象，
大家才會有難忘的美好回憶！

表 1-10 （校名）幼兒保育科學生參觀心得報告

園（所）名稱				
園（所）長姓名				
園　（所）　址			電話	
參　觀　日　期	年　　月　　日星期　　午　　時至　　時			
創　建　簡　史				
園　（所） 教　育　目　標				
行政組織概況				
幼　生　人　數	大班：　　　名 中班：　　　名 小班：　　　名 總人數：　　名	才藝班	類別	
			人數	
作　息　時　間				
園（所）活動 （含經常性活動、 特殊活動）				

（下頁續）

（續上頁）

園（所）平面圖	
活動室布置圖	

（下頁續）

（續上頁）

單元名稱		教學者	
教學目標			

教學（參觀）過程記錄	幼 生 反 應	教　具

（下頁續）

（續上頁）

參觀心得	
參觀園所特色、建議事項	
教師評閱	

表 1-11　（校名）幼兒保育科教學活動設計表

單元名稱		教學年齡		人　　數	
教材來源		設 計 者		教學時間	
幼兒學習能力分析					
教學方法					

教　學　目　標		單　元　目　標		具　體　目　標	

單元目標代號	具體目標代號	教　　學　　活　　動				備註
		教　學　過　程	時間	教具	評量	

（下頁續）

（續上頁）

單元目標代號	具體目標代號	教　學　過　程	時間	教具	評量	備註

表 1-12 （校名） ○○學年度第○學期
幼保科學生教保實習試教評量表

單元名稱		實習日期 實習時間	年　　月　　日 點　　分至　　點　　分	實習班級	
活動名稱		活動地點		（考號） 實習生	

一、活動目標：　　　　　　　　　　　　二、活動過程（簡要敘述）：

* 虛線以上由實習生填寫，虛線以下由附設托兒所保育人員填寫 *

三、教學準備□充分□可□尚可，請說明：

四、教學態度□親切□可□尚可，請說明：

五、活動設計□適合幼兒□可□不適合幼兒，請說明：

六、表達能力□很好□可□尚可，請說明：

七、發問技巧□適切□可□尚可，請說明：

八、時間安排□恰當□可□尚可，請說明：

九、幼生反應□熱絡□可□尚可，請說明：

十、綜合活動□完整□可□尚可，請說明：

十一、評量方式□適合□可□尚可，請說明：

十二、給實習生的建議：

實習主任：　　　　實習指導教師：　　　　評量者：　　　　實習成績：

表1-13 （校名）幼保科學生校外集中實習評量表

一、實習生： 考號：
二、實習機構：
三、實習期間： 年 月 日至 年 月 日
四、評量說明：請在表現程度的等級下打「✓」，並於「對實習生建議」欄內補充說明。

評量項目	非常優秀	很優秀	優秀	尚可	不理想	對實習生建議
㈠品行操守						
1.儀容整潔，舉止端莊						
2.態度親切						
3.喜愛幼兒，主動親近幼兒						
4.關心幼兒，細心照顧幼兒						
5.其他（請說明）						
㈡服務態度及敬業精神						
1.不遲到不早退，不任意請假						
2.按時完成園所交辦各項工作						
3.按時出席各項會議，參與討論						
4.主動請教輔導教師，虛心接受指導						
5.其他（請說明）						
㈢表達能力及人際關係						
1.口語表達清晰，善用肢體語言						
2.與幼兒說話時多用正向和開放式語言						
3.容許幼兒表達不同的看法，呈現不同的作品						
4.與同事相處融洽						
5.適時與家長聯繫，保持良好關係						
㈣教學能力及生活輔導知能						
1.活動設計符合幼兒發展的需要、具統整性，並配合當地人文特色						
2.善用多種生活化的教材教具和社會資源						
3.活動設計以幼兒能主動參與和操作為主						
4.活動安排能尊重幼兒個別差異						
5.能和幼兒共同討論、共同布置學習環境						
6.學習情境配合主題，教具陳列整齊，且能符合幼兒高度，以便幼兒能自行拿取						
7.細心觀察、詳細記錄幼兒的學習情形，並能據以改進教學						
8.多以鼓勵和引導的方式輔導幼兒，能給予適應困難幼兒適切的協助						
9.機警敏銳、妥善處理突發事件，細心維護幼兒安全						
10.其他（請說明）						
總 評：						

實習機構負責人： 評量者：

 摘要 緒論

意義	學習教學、保育的實際事務，是學理與實務結合的學習過程
價值	1.驗證學理，獲得教保工作的實際知能 2.提供職業輔導，獲得教保工作者啓發性經驗 3.訓練應變能力，培養思考及統整能力 4.培養敬業樂群精神，陶冶教保工作者的使命感 5.培養主動探究精神，奠定終身學習及生涯規畫之基礎
範圍	1.參觀：各種教保模式幼兒園所、各級兒童福利機構、教保相關事業機構、社會行政機構、文化機構、名勝古蹟……等 2.見習：各級兒童福利機構教保見習、行政見習，如班級經營技巧、餐點實務、家庭訪問、學習活動觀察記錄……等 3.教保實習：分準備、實習、評鑑三階段 4.行政參與：導護工作、生活輔導、意外事件、偶發事件、參與幼兒園所各項活動、社區活動及其他事務工作
計畫	意義：爲達成教保實務課程既定的教學目標，經由理性分析，設定具體工作項目與程序步驟的過程 原則：意義性、明確性、可行性、適應性、統整性
準備	準備要項：觀摩教學、分組試教、行政實習、室內外導護及生活輔導工作、家庭聯繫、製作幼兒成長書……等
評鑑	目的：1.了解學生實際專業能力 　　　2.了解學生個別發展狀況 　　　3.了解整體學生各方面實習的表現 　　　4.作爲改進教學及輔導學生的依據 重點：1.品行操守 　　　2.服務態度及敬業精神 　　　3.溝通表達能力及人際關係 　　　4.教學能力及幼生生活輔導知能 　　　5.一般行政能力 　　　6.偶發事件處理能力與態度 　　　7.省思探究的精神與態度 方式：多元，如實習計畫、教保活動設計、心得報告、觀察記錄……等

立即挑戰 評量

一、是非

（　　）1.教保實務是學理與實務結合的學習課程。

（　　）2.教保實務是不須任何學理課程基礎，就能隨時進行的實務學習課程。

（　　）3.見習是讓學生直接認識兒童福利機構最有效的方法。

（　　）4.參觀是一種邊看、邊做的學習方式。

（　　）5.為達成既定目標，經由理性分析，設定具體工作項目與程序步驟的過程稱「計畫」。

（　　）6.教保實務是指學習教學與保育的實際事務。

（　　）7.學校於研擬教保實務計畫時，應依據課程標準及相關法令研擬。

（　　）8.為落實教保實務課程教學目標，培育專業教保人員，應成立實習指導委員會。

（　　）9.教保實務評鑑方式應單一固定，對學生較公平。

（　　）10.由於學生能力不一，因此教保實務評鑑要項應隨學生能力而調整，不應要求每位學生都經過參觀、見習、教保實習……等過程學習。

二、選擇

（　　）1.下列何者為教保實務的範圍？①見習②參觀③驗證④教保實習⑤行政參與　(A)①②③④　(B)①②④⑤　(C)②③④⑤　(D)①③④⑤。

（　　）2.學生參與幼兒園所舉辦的運動會，是屬於教保實務的那一範圍？　(A)參觀　(B)見習　(C)教保實習　(D)行政參與。

（　　）3.訂定具體明確的教保實務計畫，符合計畫的那一原則？(A)可行性　(B)意義性　(C)明確性　(D)統整性。

（　　）4.教保實務計畫內容能因應不同的變動，而有調整之空間，符合計畫的那一原則？　(A)適應性　(B)順應性　(C)

統整性　(D)意義性。

（　）5.實習計畫內容應包含下列何者？①實習心得②實習期間
③實習生個人基本資料④實習目標⑤實習內容、進度⑥
實習機構基本資料　(A)①②③④⑤　(B)①②④⑤⑥　(C)
②③④⑤⑥　(D)①③④⑤⑥。

（　）6.教保實務準備工作，會因下列何種因素改變而有差異？
①社會變遷②學生成績③教育政策④實習機構　(A)②③
④　(B)①②③　(C)①②④　(D)①③④。

（　）7.下列何者非為教保實務評鑑的目的？　(A)作為改進教學
的策略　(B)作為改進教學的依據　(C)了解學生個別發展
狀況　(D)了解整體學生各方面實習的表現。

（　）8.設計評估學生實際專業能力的表現，稱為　(A)計畫　(B)
原則　(C)目的　(D)評鑑。

（　）9.下列何者為教保實務評鑑的重點？①品行操守②溝通表
達能力③敬業精神④偶發事件處理　(A)①②③　(B)①②
③④　(C)①②④　(D)②③④。

（　）10.下列敘述何者錯誤？　(A)教保實務是透過邊學邊做，來
獲得實際知能的過程　(B)教保實務評鑑應特別重視實習
心得評量　(C)教保實務評鑑應透過觀察、多元方式評量
(D)為使學生獲得實用教保知能，應重視教保實務課程的
學習。

時間到！

1

一、何謂教保實務？

二、進行教保實務課程，能獲得那些價值？

三、試簡述教保實務的範圍及內容。

四、教保實習分那三階段？簡述各階段基本實習內容。

五、何謂教保實務計畫？

六、試簡述計畫的五大原則為何。

七、試述實習計畫為何應有個人基本資料之原因。

八、教保實務評鑑的目的為何。

九、簡述教保實務評鑑的重點。

十、試述實施適合學生的教保實務評鑑應注意事項為何。

十一、如果現在老師要求你在學期結束前一個月交一份「專題報告」，你
　　　會想研究那一方面主題？請至少列出三項。

十二、和同學分享並寫下高一、高二校內實習心得。

評量解答

一、是非

1.（○）　6.（○）
2.（×）　7.（○）
3.（×）　8.（○）
4.（×）　9.（×）
5.（○）　10.（×）

二、選擇

1.（B）　6.（D）
2.（D）　7.（A）
3.（C）　8.（D）
4.（A）　9.（B）
5.（C）　10.（B）

Chapter 2

參　觀

學習目標

- 了解參觀的意義與功能
- 認識參觀的形式與內容
- 知道參觀應注意的事項
- 實地參觀，獲得實際直接經驗
- 培養省思探究的精神

引言 ➡ 行萬里路

課堂上，老師正說著：

「本週五我們到幼教出版社參觀，請同學們於參觀時比較童書版式、大小、圖文比例、色彩及裝訂等優缺點，並選一本妳最喜歡的童書，於參觀後和同學分享。」

「同學們，下週我們將參觀心理托兒所，心理托兒所採美國 High/Scopes 教學，請同學們特別注意觀察記錄情境布置及幼兒在進行計畫、工作、回想時間時，小組活動、團體活動的互動情形，以便進行理論印證。」

「我們將計畫進行為期三天兩夜的參觀旅行活動，此行最主要的目的是：讓同學比較南部、北部幼教差異，另外……」

每次參觀活動之前，除了事前分組、分配工作外，老師還會說明參觀目的、內容及注意事項，而參觀後一定要撰寫參觀報告，並進行討論座談，讓同學們彼此分享參觀的所見所聞。透過參觀後的討論、分享，同學們認識了就業市場，解開了不少疑惑。

 動動腦

請想想，如果現在老師要帶全班同學去參觀，妳最想去那裡參觀？為什麼？

第一節

參觀的意義與功能

　　參觀是在實習指導教師有計畫的安排下，實際了解兒童福利機構教育理念、教保活動，及相關事業機構現況最直接的方法。因此參觀可說是教保實務的第一步驟，所以參觀前一定要有充分的準備，才能使參觀活動發揮最大功能。

 參觀的意義

　　參觀是觀察、驗證、了解之意，分為廣義參觀、狹義參觀兩種。

一、廣義參觀

　　指參觀兒童福利機構、相關事業機構、社會教育機構及名勝古蹟等（如圖 2-1）。

二、狹義參觀

　　又稱觀察，即觀察幼兒園所環境、教保活動、室內外導護活動、生活輔導活動、師生互動、班級經營及一般行政事務……等教保機構活動情形（如圖 2-2）。

　　然就教保實務的實質效益看來，狹義的參觀（即觀察）比廣義的參觀更重要，故參觀應以重點深入觀察的方式進行，對學生較具實質意義。

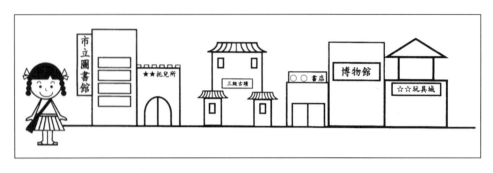

 圖 2-1　廣義參觀

參觀兒童福利機構、社會教育機構、相關事業機構……等

圖 2-2　狹義參觀

觀察托兒所的教保活動、師生互動……等活動

貳　參觀的功能

一、增廣見聞

「讀萬卷書，行萬里路」，透過實地參觀，可發現新經驗並能實際了解兒童福利機構及相關事業機構現況，達增廣見聞功能。

二、驗證學理

　　幼保科學生在學習教保專業理論課程後，藉著參觀來印證學理，可使學理更具實質意義。

三、認識兒童福利機構

　　實地至托兒所、兒童圖書館、玩具公司……等機構參觀，能讓學生提早認識兒童福利機構現況。

四、了解教保工作內涵

　　實地至托兒所觀察保育人員的教保環境規畫、教保活動進行、班級經營技巧及師生互動……等情況，能更了解教保工作內涵。

五、培養研究教保活動之興趣

　　參觀時接觸純真可愛的幼兒，除了有驗證學理、增廣見聞之功能外，可進而培養幼保科學生深入研究教保活動之興趣。

第二節
參觀的內容與形式

壹　參觀的內容

一、參觀兒童福利機構

(一)幼兒保育機構

指幼稚園、托兒所等學校式的保育機構，參觀內容說明如下：

1. 環境：觀察建築形式、場地大小及園所通風、採光……等條件對幼兒之影響。

2. 設備：觀察室內外設備顏色、數量、高度、動線……等設施，是否符合幼兒發展需要和安全原則。

3. 教學：應參觀比較不同教保模式的幼兒園所，參觀內容大致如下：

  (1)觀摩各種不同教保模式的情境布置、教學內容及實施方法等。

  (2)觀察教師引導啟發幼兒進行室內外活動學習的技巧。

  (3)觀摩班級經營技巧。

  (4)觀摩生活常規建立及生活自理能力培養之技巧。

  (5)觀摩幼兒在活動過程中與他人、事、物（含情境）的互動情形。

4. 行政：了解親職活動及其他活動舉辦方式、內容及成效，觀察偶發事件的處理……等。

5.其他：保育機構的發展沿革、教育目標、教學理念，及未來的發展計畫……等。

(二)其他兒童福利機構

指育幼院、兒童圖書館、兒童醫院、發展遲緩兒童早期療育中心……等機構，參觀內容如下：

1. 觀察環境規畫及各項設施，是否符合不同對象幼兒的發展需求、安全原則。
2. 觀察不同幼兒的心理需求及輔導方法。
3. 了解不同機構收容對象、經費來源。
4. 了解各種不同機構工作人員的工作內容、工作精神和服務態度。
5. 其他：如員額編制、收容人數……等，是否符合兒童福利法相關規定。

二、參觀相關事業機構

即參觀玩具、教具公司，幼教出版社、兒童服飾、布偶劇團及感覺統合訓練……等公司，可讓學生了解市場現況、產品的創作、製造過程，及管理行銷的實際方法，以作為生涯規畫之參考。

三、參觀社會教育機構

參觀社會局、兒童局、文化中心、博物館……等社教機構，讓學生了解社會教育的整體設施，觀察社會教育的實際問題、社會工作者的工作內容……等實際的社會教育機構現況。

四、參觀名勝古蹟

參觀赤嵌樓、安平古堡、億載金城……等地，讓學生了解歷史

的背景、古蹟的分級方式，以便對我國固有文化及藝術，能有更深入的認識與了解。

參觀的形式

參觀的形式，分為本地參觀與外埠參觀兩種。

一、本地參觀

指在學校所在地的縣市地區內之參觀，通常本地參觀都安排在一天內完成（如圖 2-3）。

二、外埠參觀

指在學校所在地之縣市地區外之參觀。外埠參觀因交通時間較長，所以通常都安排一天以上之參觀行程。

圖 2-3　參觀托兒所，並與所長合影

第三節

參觀注意事項

參觀前做好周詳的參觀計畫，參觀過程中掌握參觀要領，並詳細記錄觀察要項，參觀結束後討論、分享參觀所見所聞，就能達到參觀的目的。接著僅就參觀前、參觀過程及參觀結束應注意事項分述如下：

 壹　參觀前應注意事項

一、慎選參觀地點

依據參觀目標、歷屆學生的參觀報告、座談會會議記錄，選擇適合班級人數的參觀機構。

二、聯繫

決定參觀地點後，就是聯繫了。聯繫分二階段：

㈠電話聯繫：與欲參觀機構直接電話連絡，立即確定參觀日期、時間、人數、參觀目的、流程等事宜。

㈡公文聯繫：電話聯繫後，應於參觀前七～十天發公文給欲參觀機構，公文內詳細載明參觀日期、時間、人數……等相關事宜。

三、搜集資料

搜集參觀機構基本資料，如：簡章、班級數、教學特色……等相關資料。

四、擬參觀實施計畫

參觀計畫格式如下：

㈠本地參觀

（校名）○○學年度幼兒保育科學生本地參觀實施計畫

一、宗旨：為觀摩、驗證學理與實務，了解目前教保趨勢，陶冶學生專業素養，特訂本計畫。

二、對象：幼保科三年級學生。

三、日期、參觀地點、參觀要項：

日　　期	88.9.30	88.10.1	88.10.21	88.10.22
上午參觀地點	探索幼稚園	侑之苑托兒所	侑之苑托兒所	哈佛托兒所
下午參觀地點	興文齋幼稚園	奇美博物館	奇美博物館	興文齋幼稚園
參觀要項	環境整體規畫、蒙特梭利、方案教學	蒙特梭利教學、名畫、名琴欣賞	蒙特梭利教學、名畫、名琴欣賞	環境整體規畫、蒙特梭利教學
參觀班級	幼三乙	幼三甲	幼三乙	幼三甲
領隊老師	鄭玉珠老師	鄭玉珠老師	鄭玉珠老師	鄭玉珠老師

四、參觀流程：

　㈠集合出發：八點正校門口集合（參觀日該班不參加升旗）。

　㈡聽取簡報：了解參觀園所發展沿革、教育理念、員額編制……等。

　㈢分組觀摩教學、參觀設備、情境布置等整體規畫。

　㈣綜合座談。

（下頁續）

（續上頁）

五、交通：租用合法遊覽車，並簽訂租車合約。

六、保險：每生均應辦理旅遊意外傷害險，金額由各班自行決定。

七、經費：由學生平均分攤。

八、注意事項：

　㈠事前聯繫參觀園所，於參觀前七～十天發公文，配合參觀園所之規定分組參觀。

　㈡參觀前二日請領隊老師再次聯繫參觀相關事宜，並召開行前說明會。

　㈢請穿著學校制服，並隨時注意安全。

　㈣請遵守各項參觀時間及規定，未經允許不准拍照。

　㈤參觀過程請注意禮貌及團隊榮譽，若遇任何問題，請於綜合座談時提出討論。

　㈥參觀後請繳交參觀報告，並於一週內召開檢討座談會，會後各班應完成一份參觀活動資料。

　㈦參觀後一週內請各班郵寄謝卡，感謝參觀園所之接待。

九、本計畫經校長核准後實施，修訂亦同。

十、本計畫如有未盡事宜，得隨時補充說明之。

（二）外埠參觀

（校名）○○學年度幼兒保育科學生外埠參觀實施計畫

一、宗旨：為驗證學理、增廣見聞、了解教保現況、陶冶學生專業素養，特訂本計畫。

二、對象：幼保科三年級學生

三、日期：　　年　　月　　日至　　月　　日

四、參觀重點：

　（一）方案教學活動設計、實施技巧、遭遇之困難。

　（二）了解參觀園所發展沿革、教育理念、員額編制……等。

　（三）自然生態。

　（四）人文、庭園景觀。

五、參觀行程（如附件）。

六、交通：租用合法遊覽車，並簽訂租車合約。

七、保險：每生均應辦理旅遊意外傷害險，金額由各班自行決定。

八、經費：由學生平均分攤。

九、注意事項：

　（一）事前聯繫參觀園所，於參觀前七～十天發公文，配合參觀園所之規定分組參觀。

　（二）參觀前二日請領隊老師再次聯繫參觀相關事宜，並召開行前說明會。

　（三）請穿著輕便服裝、輕便鞋，攜帶國民身分證、換洗保暖衣物、雨具及個人慣用藥品。

　（四）行車時請遵守：頭手勿伸出車外，車內勿走動、喧嘩，出發前仔細觀察、聆聽安全門使用方法及位置，以便在緊急時使用。

（下頁續）

（續上頁）

㈤請配戴識別證並依編組活動，切勿擅自單獨行動。

㈥請遵守各項參觀時間及規定事項，並隨時注意安全，未經允許不准拍照。

㈦參觀過程請注意禮貌及團隊榮譽，遇任何問題於綜合座談時提出討論。

㈧活動期間請發揮同學愛，彼此互相照應，並隨時與領隊教師保持聯繫。

㈨參觀後請繳交參觀報告，並於一週內召開檢討座談會，會後各班應完成一份參觀活動資料。

㈩參觀後一週內請各班郵寄謝卡，感謝參觀園所之接待。

十、本計畫經校長核准後實施，修訂亦同，如有未盡事宜，得隨時補充說明之。

附件：（校名）○○學年度幼兒保育科學生外埠參觀行程

領隊教師：鄭玉珠

　　請同學確實遵守時間，準時上下車——個人貴重物品，請隨身攜帶——請記得攜帶身分證。

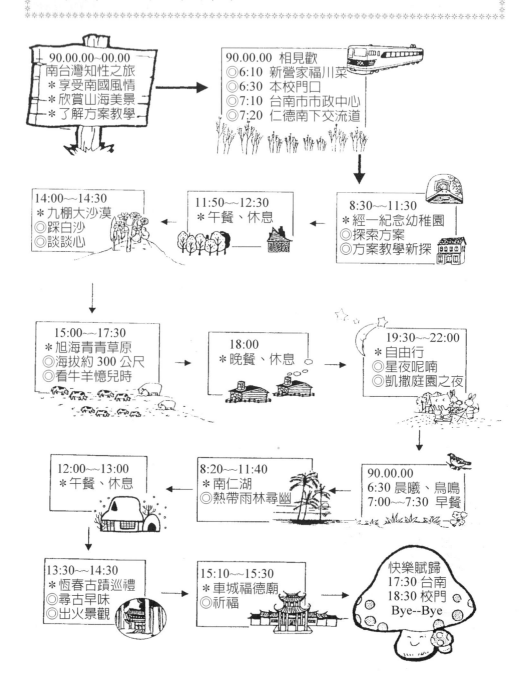

五、交通

參觀交通工具應租用車齡未滿十年之合法遊覽車，並與該公司簽訂租車合約。

六、保險

每次參觀活動均應辦理旅遊意外傷害險。

七、最後協調

參觀前二日再與參觀機構聯繫，了解分組情形，並協調參觀流程、確定到達時間……等參觀相關事宜。

八、召開參觀前說明會

㈠說明參觀目標、參觀重點，簡介參觀機構特色。

㈡分組：依參觀機構規定分組，分組時由學生按興趣、需要自行分組，每組約五～十人，設小組長一人負責連絡參觀事宜，並依參觀需要推選各項工作負責人。

㈢說明、叮嚀參觀時應注意事項：叮嚀集合時間、服裝、攜帶物品（含致謝紀念品）及參觀流程、參觀時注意事項（詳見下頁「貳、參觀過程應注意事項」）。

㈣說明撰寫參觀報告內容、方法。

㈤依觀察目的設計觀察記錄表。

㈥決定參觀檢討座談會日期。

參觀過程應注意事項

一、注意禮貌：準時到達等候接待，參觀時保持肅靜、動作敏捷、緩步輕聲，離開前應向接待人員致謝。

二、確實遵守參觀各項規定，未經允許之處，不得擅自參觀。

三、未經參觀機構允許，不得拍照。

四、參觀整體環境規畫時，不隨便翻閱或取用參觀機構任何資料或物品。

五、觀摩教學活動時應配合事項：

　㈠盡量於活動開始前進入活動室，活動中勿走動或離開。

　㈡觀摩教學活動過程絕不交談，不逗弄幼兒；若幼兒主動與觀察員談話，應積極傾聽並適度給予回應。

　㈢盡量坐下來觀察，不妨礙教學活動進行。

　㈣隨時記錄參觀所見所聞，發現任何問題，於綜合座談時再提出討論。

　㈤綜合座談中提問時應簡潔具體，說話態度要謙和有禮。

　㈥外埠參觀應逐日撰寫省思札記，以便彙整成綜合參觀心得報告。

 參觀結束應注意事項

一、立即撰寫參觀心得報告（如表 1-10）。

二、於一週內召開參觀檢討座談會，邀請實習指導委員會成員與會指導。

三、一週內寄謝卡（如圖 2-4）或謝函。

四、製作參觀活動資料冊：參觀活動資料冊至少應含參觀機構簡介、

活動照片、各項座談會會議記錄及參觀機構評估記錄表（如表 2-1），此資料冊除了讓學生互相觀摩參觀成果外，還可作為安排參觀活動的參考依據。

五、舉辦參觀活動資料冊展覽活動：讓學生彼此分享、欣賞，統整參觀經驗。

表 2-1 （校名）幼保科校外參觀活動參觀機構評估記錄表

參觀日期： 年 月 日

參觀機構全銜	
參觀機構地址	
參觀機構電話	傳真：
參觀建議	□值得參觀 □不值得參觀 □其他，說明：

值得參觀原因、特色：

參觀時應注意事項：

參觀應備物品：

實習主任： 幼保科主任： 指導教師： 填表者：

第四節

保育機構參觀

　　保育機構參觀指托兒所、托嬰中心……等機構之參觀活動，參觀重點如下：

 壹　環境整體規畫

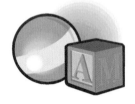

一、觀察保育機構社區環境，是否適合幼兒學習和活動？

二、建築物是否吸引幼兒？建築形式在管理上有何困難？

三、環境整體動線規畫，是否合乎安全性、教育性？

四、各活動室的空間大小、通風、採光、桌椅高度……等物理條件，是否符合幼兒需求？

五、各活動室的布置、教具的數量、色彩……等心理條件，是否符合幼兒發展需要？

六、遊戲室、戶外遊樂場……等遊戲設施，是否符合安全、教育原則？

七、其他空間的設置，是否依據設置標準設置？

 貳　教保活動

一、教保活動情境規畫，是否符合教育理念、教保模式？

二、觀察保育人員採用之教學法與幼兒互動之情形。

三、觀察班級經營技巧，如：如何建立幼兒生活常規，培養幼兒生

活自理能力……等。

四、觀察班級氣氛、保育人員如何處理偶發事件？

五、觀察保育人員如何引導啟發幼兒參與各項活動？

六、保育人員採用之教保活動型態（如：自由、小組、團體）比例
如何？什麼時候採用？有何優缺點？

七、觀察保育人員與幼兒的溝通技巧、保育人員的情緒。

八、教保活動設計，是否以幼兒為本位？是否考慮個別差異？

九、幼兒在活動過程中遭遇困難，保育人員如何處理？

十、教保活動設計，是否符合幼兒發展需要？

十一、保育人員是否細心觀察、詳細記錄幼兒的學習情形？

十二、教保活動設計是否符合程序性、繼續性、統整性之原則？

十三、其他教保活動相關事宜。

參　行政

一、觀察保育人員一天的作息。

二、托兒所舉辦那些親職活動？多久辦一次？

三、托兒所的行政組織、員額編制、工作職掌。

四、保育人員的學經歷背景、進修方式。

五、教職員的福利、待遇。

六、托兒所與家長、社區的互動方式。

肆　其他

一、保育機構的發展沿革、未來發展計畫。

二、保育機構的教育目標、特色。

三、保育機構的教育理念。

　　總之，為使參觀活動更具教育意義，達成參觀的功能，應該在參觀前依據參觀目的，配合嬰幼兒發展與保育、教保活動設計、行為觀察與評量……等課程，設計參觀記錄表，再選擇符合參觀目的的保育機構進行參觀，就能使參觀活動更具有實質的意義。

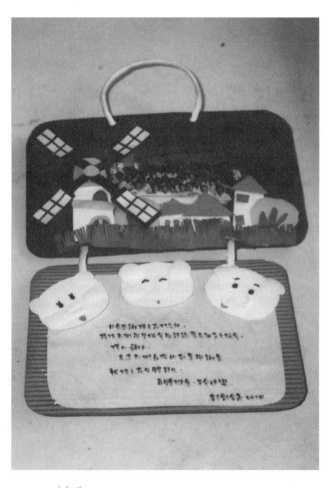

圖 2-4　參觀結束——謝卡

意義	觀察、驗證、了解，分廣義參觀、狹義參觀 廣義： 指參觀兒童福利機構、相關事業機構、社會教育機構及名勝古蹟……等 狹義： 又稱觀察，即觀察幼兒園所環境、教保活動、幼生互動、班級經營、生活輔導、室內外導護活動……等 註：狹義的參觀對幼保科學生較具實質意義
功能	1.增廣見聞 2.驗證學理 3.認識兒童福利機構 4.了解教保工作內涵 5.培養研究教保活動之興趣
內容	1.參觀兒童福利機構 2.參觀相關事業機構 3.參觀社會教育機構 4.參觀名勝古蹟
形式	1.本地參觀：指在學校所在地的縣市地區內之參觀 2.外埠參觀：指在學校所在地的縣市地區外之參觀
注意事項	1.參觀前： 　慎選參觀地點、聯繫（電話、公文）、搜集資料、擬參觀實施計畫、交通、保險、最後協調、召開參觀前說明會 2.參觀過程： 　注意禮貌、遵守各項參觀規定、注意參觀教學活動時應配合事項 3.參觀結束： 　撰寫心得報告、召開參觀檢討座談會、寄謝卡或謝函、製作參觀活動資料冊、舉辦展覽活動
保育機構參觀	參觀重點： 環境整體規畫、教保活動、行政、其他（如發展沿革、教育目標、未來發展計畫、教育理念、特色）

2

參觀

一、是非

( ) 1.教保實務的第一步驟是參觀。

( ) 2.廣義的參觀就是觀察教保機構活動情形。

( ) 3.參觀是觀察、驗證、了解。

( ) 4.本地參觀是指在學校所在地的縣市地區外之參觀。

( ) 5.參觀前應召開參觀前說明會，說明參觀相關事宜。

( ) 6.參觀時未經參觀機構允許不可拍照。

( ) 7.為使參觀效果提高，可讓學生到處走動，隨意翻閱參觀機構各項資料。

( ) 8.觀察教學活動時，觀察員應隨幼兒活動而走動。

( ) 9.參觀結束後一個月內召開參觀檢討座談會。

( ) 10.參觀時遇任何問題，均應於綜合座談時再提出討論。

二、選擇

( ) 1.下列何者為狹義的參觀？①名勝古蹟②玩具公司③觀察幼生互動④觀察幼生室內外活動⑤幼兒園所環境 (A)①②③⑤ (B)①③④⑤ (C)②③④⑤ (D)③④⑤。

( ) 2.某校幼保科位於台南縣，欲安排至台中市參觀托兒所，請問此參觀形式為何？ (A)本地參觀 (B)外埠參觀 (C)集中參觀 (D)畢業參觀。

( ) 3.參觀公文應於參觀前多久發文較適宜？ (A)二天 (B)五天 (C)七～十天 (D)二十天。

( ) 4.下列何者為參觀前應注意事項？①召開參觀檢討座談會②召開參觀前說明會③聯繫④擬參觀計畫⑤辦理旅遊意外傷害險⑥分組 (A)①②③④⑤⑥ (B)②③④⑤⑥ (C)①③④⑤⑥ (D)①②④⑤⑥。

( ) 5.下列關於參觀教學活動的敘述，何者錯誤？ (A)可走動觀察 (B)應於活動開始前，進入活動室 (C)觀摩活動過

程不可交談　(D)觀摩活動時若幼兒主動與觀察員談話，可適度給予回應。

(　　) 6. 參觀結束後，應要求學生完成那些事情？①寄聯繫參觀公文②撰寫心得報告③填寫參觀機構評估記錄表④郵寄謝卡⑤電話聯繫參觀時間　(A)①②④　(B)①②⑤　(C)②③④　(D)③④⑤。

(　　) 7. 參觀結束郵寄謝卡，應於參觀後多久寄出較理想？　(A)一週內　(B)一個月內　(C)二個月內　(D)三個月內。

(　　) 8. 參觀機構的選擇，應依據何者？①參觀目標②班級人數③參觀機構評估記錄表④歷屆參觀報告　(A)①②③　(B)①③④　(C)②③④　(D)①②③④。

(　　) 9. 下列何者非為保育機構參觀重點？　(A)環境整體規畫　(B)贈送幼兒的禮物　(C)教保活動模式　(D)行政組織、員額編制情形。

(　　) 10. 關於參觀時注意事項，何者錯誤？　(A)參觀時可依學生喜好逕行編組　(B)參觀時應依參觀機構之規定分組　(C)參觀過程應注意禮貌及團隊榮譽　(D)參觀時應遵守時間準時到達參觀機構。

時間到！

一、試述參觀的意義。

二、參觀功能為何？

三、試述兒童福利機構的參觀內容。

四、何謂與幼兒相關的事業機構，試列舉五項。

五、簡述參觀前應注意事項。

六、簡述參觀過程應注意事項。

七、簡述參觀結束應注意事項。

八、試從環境、教保理念、特色三部分，比較參觀幼兒園所的差異。

評量解答

一、是非

1.（○）　6.（○）
2.（×）　7.（×）
3.（○）　8.（×）
4.（×）　9.（×）
5.（○）　10.（○）

二、選擇

1.（D）　6.（C）
2.（B）　7.（A）
3.（C）　8.（D）
4.（B）　9.（B）
5.（A）　10.（A）

2

參觀

心得筆記欄

見 習

引言➡一邊看、一邊做

「翊君，放假的時候，爸爸、媽媽帶妳去那裡玩呀？」

「爸爸、媽媽放假帶我們去動物園看國王企鵝。」

「老師，我也有去看國王企鵝，好多人喲！」

「老師！老師！我告訴妳喔！我還看到長頸鹿的脖子好長、好長喔！」

「亂講，鴕鳥的脖子比較長，牠好像一條繩子那麼長。」

「喔！像繩子，我們請安老師幫我們拿一條繩子來。」

「小朋友，現在讓我們來看看繩子是不是像鴕鳥的脖子那麼長，看繩子怎麼跳舞？」

「請安老師幫我們按一下 play。」

音樂響起，老師的身體如繩子般舞動，接著一個一個被老師拉手的小朋友，陸續地加入舞蹈的行列；安也在適當時機主動融入舞群，不過她的眼睛還不停地做著來回搜索的動作。安仔細觀察著每位幼兒的動作，準備等活動告一段落，再記錄幼兒的活動情形，然後和老師討論——這就是見習。

 動動腦

思考一下：參觀和見習有何異同？

第一節
見習的意義與功能

壹 見習的意義

見習是「參與」，是一邊觀摩研究，一邊參與活動，它著重於實際經驗的獲得，是教保實習前的準備工作。簡單地說，見習就是實習生在輔導教師的指導下，去參與保育機構的教保工作、行政工作之意。

貳 見習的功能

一、獲得直接教保工作經驗

實際到托兒所直接參與教學活動、班級經營與幼生互動……等活動，可直接獲得教保工作經驗。

二、增進教保工作的實際知能

實際直接參與教保活動的進行、幼兒生活常規的輔導……等活動，並且利用課餘時間與保育人員討論教保知能，能增進教保實際知能。

三、了解教保實習機構的實況

見習能讓幼保科學生了解教保實習機構的教保模式、生活作息……等實際狀況。

四、增進適應教保實習環境的能力

見習不但能與所長、保育人員建立人際關係，還能熟悉實習機構環境，待實習時就能輕而易舉的適應環境。

五、認識教保人員的責任與工作態度

見習能知道教保工作的實際內容，而透過直接與幼兒互動，更能了解教保人員的責任及應具備之工作態度。

見習是實習前的準備工作，因此無論教保實習或集中實習，都應該於事前安排見習活動，才能讓實習生在實習機構從認識到熟悉，進而對未來的實習工作產生信心，達成教保實習的功能。

第二節

見習的種類與內容

 壹 見習的種類

見習有以下兩種分類法：

一、就性質言，分教保見習與行政見習兩種：

　㈠教保見習：指教學活動與保育工作的見習。

　㈡行政見習：指教保人員工作職掌、親職活動……等行政事務的
　　　　　　　見習。

二、就時間言，分初期見習和後期見習兩種：

　㈠初期見習：指參與部分教保活動，協助備餐、設計評量表和影
　　　　　　　印連絡單、教學資料……等工作。

　㈡後期見習：指參與實地教保活動，能判斷教學優缺點，並能提
　　　　　　　出改進意見……等。

貳 見習的內容

一、保育工作的見習

㈠接送幼兒：分幼童專用車接送、家長自行接送二種（如圖 3-2）。

㈡導護活動：室內外環境、設備安全檢視、室內外遊戲安全監護與指導、門口管制及隱藏環境危機之導護工作（如圖 3-3）。

㈢生活輔導：飲食、睡眠、排泄、清潔、收拾、穿著……等良好生活習慣的輔導（如圖 3-4、3-5）。

㈣餐點實務：分餐點設計、餐點採購、餐點製備、餐點供應四項（如圖 3-6）。

㈤家庭訪問：分定期訪問、臨時訪問二種（如圖 3-7）。

㈥其他：班級事務的處理、所務分掌、園所活動的參與（如圖 3-8、3-9）及教保人員工作內容……等之見習。

二、教保活動的見習

㈠協助日、週教保活動設計。

㈡參與教保情境的布置。

㈢協助製作教具、準備教材。

㈣協助設計教保活動評量表。

㈤教保活動的觀察（如圖 3-1）與記錄。

 圖 3-1 教保活動的見習

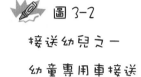 圖 3-2

接送幼兒之一

幼童專用車接送

 圖 3-3

導護活動之一

幼兒遊戲時安全的監護與指導

 圖 3-4

生活輔導之一

清潔習慣養成：洗手

 圖 3-5

生活輔導之二

清潔習慣：環境清潔、整理

圖 3-6
餐點實務
協助製作及備餐

圖 3-7
家庭訪問
與保育員實際進行家訪工作

圖 3-8
其他保育工作參與之一
參與舉辦親職座談會

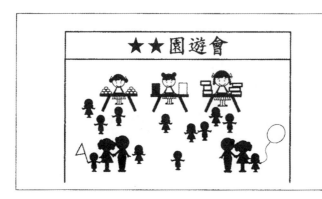

圖 3-9
其他保育工作參與之二
參與舉辦園遊會

第三節
見習注意事項

對一個剛開始接觸教保實務工作的學生而言，心中難免有些許的惶恐與不安，因為面臨見習時的角色定位混淆，又不知道什麼時候要參與？參與的程度如何？如何參與才不會影響教師的教保活動……等，都是見習生很大的困擾。為了減輕見習生心理壓力與負擔，茲將見習注意事項說明如下：

 ## 壹 見習前注意事項

一、搜集資料

搜集見習機構資料，可讓見習生在見習前了解見習機構環境、特色、教保理念，及行政組織、班級事務……等相關事項，協助其提早適應見習環境。

二、分組

分組人數應配合見習機構行政組織、班級數，並在不影響師生互動的原則下進行分組。

三、分配工作

（一）保育工作見習，可依見習內容採輪流調組方式見習。

（二）教保活動見習，應依見習生志趣選擇固定班級見習；此班級即為未來教保實習班級。

四、聘請輔導教師

至見習機構聘請有經驗的保育人員為輔導教師，以利見習工作之進行。

五、擬見習計畫

見習生依能力、興趣擬訂個人見習計畫，掌握由簡易、短時間到複雜、長時間之原則計畫（如表 3-1）。

 貳 見習時注意事項

一、遵守見習機構作息規定，不遲到早退。

二、面露微笑，保持愉快心情見習。

三、注意應對進退、待人接物的禮貌。

四、主動親近幼兒，熟記幼兒姓名、特徵、學習狀況，有利見習、教保實習之進行。

五、認真學習，虛心接受師長指導。

六、積極主動參與各項教保活動、輔導活動。

七、掌握適切時機參與見習機構舉辦的特殊活動：配合見習機構舉

表 3-1　（校名）幼保科學生見習計畫表

見習生：	
住　址：　　　　　　　　　連絡電話：	

見習機構：　　　　　　　　　　負責人：
地　　址：　　　　　　　　　　電話：　　　　　傳真：
見習期間：　　年　　月　　日至　　年　　月　　日　　見習班級：

一、見習目標：　　　　　　　　　二、見習重點：

三、見習內容及進度：

日　期	時　間	見　習　內　容　及　進　度	見習準備	備　　註

實習指導教師：　　　　　　　　見習機構輔導教師：

辦之各項活動，參與活動前、活動後的工作，較能獲得舉辦活動的直接經驗。

八、不主動與家長聯繫，遇家長提出任何問題，不隨便回答。

九、隨時記錄、適時發問：詳細記載見習細節，經常主動與輔導教師討論，學習解決問題的方法。

十、逐日撰寫見習省思札記，檢討見習優缺點，並與實習指導教師討論，探究更適合的教保方法與技巧。

參　見習結束注意事項

一、彙整見習心得報告，統整見習工作經驗（如表 3-2）。

二、召開見習檢討座談會，邀請實習指導委員會成員與會指導，與實習指導教師討論教保工作實際問題解決方法，積極為教保實習準備（如圖 3-10）。

三、見習機構評估：見習機構評估記錄表，可訓練見習生思考整理、分析能力，並可作為高職未來選擇教保實習、集中實習機構之參考依據（如表 3-3）。

圖 3-10　見習結束：座談會

表 3-2　（校名）幼保科學生見習心得報告

見習生		考號		見習班級		見習期間	年　月　日至　月　日
見習機構					負責人		
見習心得							
檢討‧建議							
教師評閱							

實習指導教師：　　　　　　　　　　　見習機構輔導教師：

表 3-3 （校名）幼保科見習機構評估記錄表

見習期間： 年 月 日至 年 月 日

見習機構全銜			
見習機構地址		電話	
見習輔導教師	聯絡電話	傳真	
見習建議	□值得見習 □不值得見習 □其他；說明：		

值得見習原因、特色：

見習時應注意事項：

見習應備物品：

實習主任： 幼保科主任： 指導教師： 填表者：

第四節
保育機構見習

　　保育機構見習，是指學生透過「看」與「操作」、「想」與「發問」來獲得教保工作的實際經驗，進而培養積極主動探究教保工作內涵的態度，由此可見見習是教保實習的基礎。為奠定實習的良好基礎，茲將見習內容分保育工作與教保活動兩大項，說明如下：

 ## 壹 保育工作見習

　　保育工作見習，分接送幼兒、導護活動、生活輔導、餐點實務、家庭訪問及其他等六項重點。

一、接送幼兒

　　接送幼兒方式，分幼童專用車接送、家長自行接送兩種，見習重點說明如下：

圖 3-2　幼童專用車接送

　　㈠幼童專用車接送（如圖3-2）

　　檢視幼童專用車車齡、車身顏色、座位安排、乘載人數、保養……等事項，是否符合「道路交通安全規則」及「校車管理要點」等相關規定。再觀察司機的條件、人格特質；如果都符合規定，見習生就可放心地參與隨車接送幼兒。隨車人員應注意：

　　1.態度親切和藹，能適切傳達家長交辦事項。

　　2.攜帶乘車幼兒名冊、緊急連絡電話、零錢、電話卡或行動電話。

3. 熟記行車路線及各地點上、下車幼童姓名，若有變更應確實問明原因並記錄。

4. 隨時注意維護車內幼童安全，上、下車確實清點幼童人數。

5. 行車途中應保持高度警戒心，留意幼童行為，遇偶發事件能鎮靜妥善處理，並面告家長及相關人員，做成記錄。

6. 幼童上、下車時，隨車人員應注意不讓幼童衣物、身體遭車門夾住。

7. 幼童上車時，隨車人員應等幼童全部上車後再上車；幼童下車時，隨車人員應先下車看護幼童下車。

8. 待車停妥後才開車門，欲離車接送幼童，應先關妥車門，並委託駕駛員看顧車內幼童。

9. 隨車人員應確實檢查車子前後均無幼童，再告知駕駛員前進或倒車，並隨時注意突發狀況。

10. 應具備急救護理常識及緊急應變能力、看護幼童安全的能力。

11. 應依需要確實填寫「接送幼兒隨車人員記錄表」（如表3-4），貫徹負責完成安全接送幼童之工作。

　　為了讓大家更了解幼童搭乘專用車（俗稱娃娃車）是否符合安全要求，特提供表3-5的檢核表做為參考。

表 3-4　（校名）接送幼兒隨車人員記錄表

日期	幼生姓名	家長叮嚀交辦事項	處理情形	偶發事件處理情形	隨車人員	備註

表 3-5　娃娃車檢核表

項目	項次	主要檢核內容	檢核結果	
			是	否
車輛狀態	1	車體顏色式樣是否合格？		
	2	娃娃車之倒三角形標誌是否備有反光材質？		
	3	娃娃車車身是否標示園所名稱？		
	4	娃娃車車身是否標示立案字號？		
	5	娃娃車車身是否標示限乘人數？		
	6	娃娃車是否備有滅火器？		
	7	娃娃車是否設有安全門？		
	8	娃娃車安全門是否保持暢通？		
	9	車內座位配置是否面向前方？		
	10	娃娃車是否未超載？		
	11	車上是否有車輛、駕駛員、隨車人員的識別證？		
駕駛員	12	駕駛員停車時是否停在安全處才讓幼童上下車？		
	13	駕駛員於停車時是否開啓危險警示燈並拉好手剎車？		
	14	駕駛員是否關閉車門後才開車？		
	15	駕駛員是否無蛇行、闖紅燈……等違規事項？		
	16	駕駛員是否服裝儀容整潔，佩帶識別證件？		
	17	駕駛員是否從未於車內吸菸？		
	18	駕駛員是否絕不在車上放置易燃物品？		
	19	娃娃車駕駛員是否精神飽滿且未飲酒？		
隨車人員	20	隨車人員是否隨身佩帶識別證件？		
	21	隨車人員是否會注意幼童之乘車秩序與安全？（如於走道奔跑……）		
	22	隨車人員是否能處理車內幼童的狀況（如嘔吐、暈車）？		
	23	隨車人員對幼童的不當行為是否會制止？（如頭手伸出窗外……）		
	24	隨車人員是否在車停妥後才開車門，並先下車照顧幼童上下車？		
	25	隨車人員是否確實將幼童送交給家長或其他指定人員？		
	26	隨車人員是否會協助駕駛員指揮交通狀況（如：倒車時）？		
	27	娃娃車隨車人員是否精神飽滿且未飲酒？		

資料來源：靖娟兒童安全文教基金會

（二）家長自行接送

通常家長自行接送幼童，較容易因家長本身因素，出現突發狀況，例如：家長因工作需要必須延長上班時間，或家長臨時有要事，必須由他人代為接送……等狀況，幼童的接送時間就會改變；這些都是保育機構負責接送幼童人員應具備的應變及妥善處理的能力。而見習生就是透過參與而學習這些狀況的處理技巧。以下接著說明家長自行接送幼童應注意事項：

1. 開學初保育機構應製作「家長接送憑證」，讓家長憑證接送幼童；若家長委託他人代為接送時，可將憑證交給委託接送人，並電話通知保育機構相關人員。

2. 家長送幼童至保育機構，應有人員招呼並將幼童安全帶至活動室。

3. 等待接送時，應安排幼童在有固定人員照顧的安全環境，並設計能安撫幼童情緒的活動，讓幼童靜心等待家長。

4. 家長常常藉著接送幼童時，與保育人員談幼兒的各種情況，此時見習生應主動協助照顧幼童安全。

5. 遇任何家長自行接送的突發狀況，應詳填記錄（如表3-6），以便相關人員能妥善處理。

 表3-6　（校名）家長自行接送突發狀況記錄表

日　期	幼生姓名	家長姓名	聯繫時間	事　　　由	處理方式	記錄者	備　註

二、導護活動（如圖3-3）

圖3-3　幼兒遊戲安全監護與指導

　　保育人員發揮高度的敏覺力，去察覺並預防可能發生的意外，同時指導幼兒學會保護自己安全的能力，稱為導護活動。

　　可見導護工作是無所不在的，通常保育機構的負責人或主管，會依據機構整體環境規畫擬訂導護工作計畫，並於開學前召開協調會，以便讓幼童在全體教職員工的共同照護引導下，有自護能力並具有正確的安全常識。以下簡述導護工作內容與應注意事項，讓見習生參與學習，使其具有基本的導護工作能力。

㈠室內外環境、設備安全檢視

　　幼兒在保育機構活動時，常會因地板潮濕、地毯不平、鞋子太大、未綁鞋帶……等諸多因素跌傷，因此不定期地檢視室內外器材、地面是否牢固、破損……等，並立即填檢修單（如表3-7），請專人妥善處理，是預防意外發生最直接有效的方法。

表3-7　（校名）設施檢查維護（修）、保養記錄表

日　期	設施名稱	地　點	損壞情形	維護（修）、保養情形	維修人	備註

（二）室內外遊戲安全監護與指導

活動室、廚房、廁所及戶外遊戲場，是幼兒最容易發生意外的地方，因此保育人員與見習生除了全心關照幼童活動外，還應指導正確的遊戲方法，並阻止幼兒持物奔跑、追逐，才能有效預防意外發生；萬一無法避免的意外還是發生，相關人員應保持鎮靜，依幼兒意外傷害處理流程（如表3-8）迅速處理，並於處理後面告相關人員，填寫意外傷害處理單（如表3-9）。

（三）門口管制導護

保育機構為了吸引幼兒，常將大門設計成幼兒喜愛的圖樣或造型，易使好奇、好動的幼兒攀爬，或於門口附近逗留遊戲，如此很容易發生意外，因此保育機構的大門口，應設專人負責管制導護。

（四）隱藏的環境危機

活動室窗簾的拉繩、過於尖銳的桌角、不當放置的易掉落物品，不暢通的樓梯間、走道，園庭的移動式遊樂器材……等，都是幼童容易發生意外之處。因此，如何指導幼童將移動式遊樂器材依指定位置擺置、如何正確拉窗簾拉繩……等，也是導護工作的內容。

以上四項是導護活動的重要工作，各保育機構負責人可依機構整體環境，加入不同的導護工作。總之，讓幼兒快快樂樂、平平安安的成長，是每個保育機構全體成員的責任。

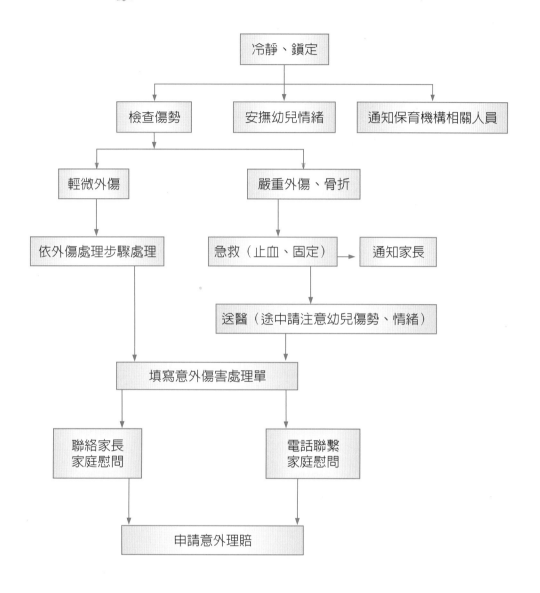

表 3-8 （校名）幼兒意外傷害處理流程

註：1. 幼兒在學期間發生任何意外事故，均請依上列流程處理。
　　2. 處理過程應隨時與家長保持聯繫，處理過程亦請詳實記錄。
　　3. 處理過程遇特殊狀況應與科主任或實習主任保持聯繫。
　　4. 只有保持穩定的情緒，才能有圓滿的結果。
　　5. 請隨時關心寶寶的一舉一動，才能有效預防意外發生。

表 3-9　（校名）幼兒意外傷害處理單

姓　　名		性別	□男 □女	發生時間	月　日	上午　　時　　分 下午　　時　　分	地點	
家長姓名		電話		住址				
受傷原因								
受傷部位								
處理經過								
意外理賠申請情形								
給爸媽的叮嚀								
處理教師			家長簽名			填寫日期	年　　月　　日	

所　長：　　　　　　　　　　　　填表人：

三、生活輔導（如圖 3-4、3-5）

　　生活輔導的內容有飲食、睡眠、排泄、清潔、收拾、穿著……
等良好生活習慣的培養，茲將輔導重點說明如下：

㈠飲食習慣

　　1.幼兒在保育機構應養成的良好飲食習慣

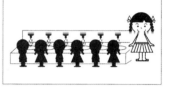

　　　⑴定時、定量、定點用餐。

　　　⑵自己進食，不邊吃邊玩。

　　　⑶一次用餐時間不超過三十分鐘以上。

　　　⑷不偏食，不浪費食物。

圖 3-4　清潔（洗手）
　　　　習慣之培養

　　　⑸飯前洗手，飯後漱口。

　　　⑹進餐前後不做劇烈運動。

　　　⑺養成良好餐桌禮儀：

　　　　①口內有食物不說話。

　　　　②細嚼慢嚥，不發出聲音。

圖 3-5　清潔（環境整理）
　　　　習慣之培養

　　　　③用餐打噴嚏、咳嗽時，應以手掩口。

　　　　④不挑揀盤中食物。

　　　⑻會耐心等待未用完餐的幼兒用餐。

　　　⑼餐後會協助收拾餐具、擦桌椅。

　　2.培養幼兒良好飲食習慣輔導原則

　　　⑴營造愉快和諧的進餐氣氛，允許輕聲交談。

　　　⑵在固定位置用餐，才不會養成邊吃邊玩習慣。

　　　⑶藉故事讓幼兒了解均衡膳食的重要。

　　　⑷進餐前、用餐過程可播放柔和音樂，讓幼兒安心進餐。

　　　⑸進餐前要求幼兒洗手，洗手程序為：捲衣袖➡開冷水水龍
　　　　頭把手弄濕➡關水龍頭➡壓洗手乳➡搓、揉雙手➡開水龍
　　　　頭➡把手沖洗乾淨➡沖水龍頭➡關水➡把手擦乾。

　　　⑹進餐後要求幼兒刷牙或漱口。

(7)餐畢協助收拾餐具、整理餐桌。

(8)餐畢至靜態學習區耐心等候其他幼兒用餐。

(二)睡眠習慣

1.幼兒在保育機構應養成的良好睡眠習慣

(1)訓練幼兒睡前自己舖床、自己入睡。

(2)按時就寢，定時起床。

(3)養成睡前換睡衣、刷牙、上廁所習慣。

(4)養成醒來不哭鬧習慣。

(5)養成自動整理床舖習慣。

2.培養幼兒良好睡眠習慣輔導原則

(1)播放輕柔、固定的音樂，引導幼兒進入夢鄉。

(2)營造睡前氣氛，如舖好床舖、拉上窗簾、關燈。

(3)維持寢室安靜，有助幼兒入睡。

(4)睡前引導幼兒更衣，協助摺疊衣服。

(5)睡醒提醒整理床舖、洗臉、上廁所。

(三)排泄習慣

1.幼兒在保育機構應養成的良好排泄習慣

(1)養成如廁前會先敲門的習慣。

(2)能獨自上廁所，自理如廁事宜。

(3)如廁後能保持廁所清潔。

(4)養成大小便後沖水、洗手習慣。

(5)不在廁所以外的地方大小便。

(6)養成每天大便的習慣。

(7)不尿濕褲子，濕了會立即更換。

2.培養幼兒良好排泄習慣輔導原則

(1)輔導穿脫褲子的方法。

(2)偶爾出現尿床現象時，不要責備。

(3)以最大耐心給予讚美、支持與鼓勵，才能讓幼兒輕鬆愉快
地學會控制大小便。

(4)示範上廁所的程序為：輕輕放下馬桶坐圈→衛生紙對摺擦拭馬桶坐圈→脫褲子→坐上馬桶坐圈後扶好→上廁所→衛生紙對摺擦拭屁股→再對摺衛生紙丟入垃圾桶→穿妥褲子→檢視馬桶坐圈是否清潔→沖水→輕輕放回馬桶坐圈→洗手。

(5)在不懲罰、不責備、不給壓力的原則下，透過遊戲方式培養如廁習慣。

㈣清潔習慣

1.幼兒在保育機構應養成的良好清潔習慣

(1)能隨時保持雙手的清潔。

(2)指甲長了會請大人修剪。

(3)餐後會刷牙或漱口。

(4)流汗或臉髒時會擦臉。

(5)會正確使用手帕、衛生紙。

(6)不咬指甲、不吸手指頭。

(7)不將玩具或小物品放入口、鼻。

2.培養幼兒良好清潔習慣輔導原則

(1)保育人員應示範正確的洗手、刷牙、漱口、洗臉……等方法，學習過程輔以音樂或兒歌，讓幼兒快樂學習。

(2)將清潔習慣培養設計成遊戲方式，激發幼兒學習的興趣。

(3)應有耐心、愛心，隨時給予協助與鼓勵，有助清潔習慣的養成。

(4)給幼兒足夠的時間學習，以免因學習過程的挫折而影響學習效果。

㈤收拾習慣

1.幼兒在保育機構應養成的良好收拾習慣

(1)會將玩具、書籍……等用過之物，歸回原位。

(2)會摺疊自己的衣物，並放入抽屜中。

(3)玩過之處會自己收拾整理乾淨。

2.培養幼兒良好收拾習慣輔導原則

(1)提供舒適整潔的學習環境，讓幼兒模仿學習。

(2)清楚、明確地標記物品存放處，讓幼兒知道各項物品收拾之位置，協助其養成收拾習慣。

(3)以身作則，並隨時給予鼓勵、讚美。

(4)透過各種遊戲方法傳遞收拾規則。

(5)以溫和堅定的語氣，隨時提醒幼兒收拾整理。

(6)視情況採「剝奪權益」法，以協助良好收拾習慣的建立。

㈥穿著習慣

1.幼兒在保育機構應養成的良好穿著習慣

(1)會自己穿脫衣物。

(2)會自己摺疊、整理衣物。

(3)會隨天氣變化增減衣物。

(4)愛惜衣物，隨時保持衣物清潔。

(5)公共場所不當眾更衣或脫下衣褲。

2.培養幼兒良好穿著習慣輔導原則

(1)採「塑造」原理培養幼兒自行穿脫衣物能力

「塑造」原理即把想達成的行為目標，細分成若干步驟，以循序漸進的方式訓練，來養成既定的行為目標稱之。茲以「穿脫衣服」為例說明如下：

①穿衣服程序：分辨衣服正反面→反面朝上由衣襬輕輕捲至衣領→套入頭部→穿兩邊衣袖→將衣服拉平。

②脫衣服程序：拉起衣襬至頭部→拉出衣領→脫下兩邊衣袖→衣服脫下拉平、摺疊。

(2)藉「衣飾框」、自製「布書」教具遊戲，讓幼兒學習各種衣服上扣子、帶子的處理方法，可培養自行穿脫衣服的能力。

(3)藉「說故事」活動讓幼兒了解衣物功能，進而培養其愛惜衣物、保持衣物整潔之習慣。

(4)舉辦衣物摺疊比賽、穿脫鞋襪比賽，讓幼兒學會摺疊、整理衣物。

(5)提供幼兒固定的個人衣物櫃，隨時監督並適時給予協助，能助幼兒建立良好穿著習慣。

生活輔導的內容，除了上述六種基本生活習慣外，還包括抽屜、門窗的開關，擦拭桌椅、鞋子，清理地面……等，保育機構相關人員於日常生活中應掌握隨時提醒、指令清楚的原則，透過各種遊戲來引導幼兒建立自理生活能力；見習生則在輔導教師的指導下，試著去參與生活輔導工作，進而學習整體生活輔導的要點與技巧。

四、餐點實務（如圖 3-6）

圖 3-6　協助製作、備餐工作

營養的補充對處於快速生長期的幼兒是非常重要的。為了讓幼兒擁有健康的身體，養成良好飲食習慣，保育機構相關人員會設計調配適合幼兒期營養需要的餐點。簡單地說，從餐點設計到餐點供應的過程，稱為餐點實務。見習生若能參與餐點設計、採購、製備到供應，就能對餐點實務工作有整體的了解，以下說明各階段應注意事項：

㈠餐點設計

1.設計含六大類食物的均衡飲食

參考民國八十六年行政院衛生署公布的幼兒每日飲食指南（如表 3-10），設計富含六大類食物的均衡飲食。

2.選用季節性食品，新鮮味美營養高

餐點設計選用季節性的蔬菜、水果，不但新鮮美味、營養價值高，更符合經濟實惠原則。

3.食物多變化，滿足幼兒需求

選用各種不同的食物，製備出色彩調和、口味溫和的食物，

才不會造成幼兒偏食，而影響幼兒成長發育。

4. 慎選點心材料，以免影響健康

點心材料應以質軟易消化之食物為主，如：牛奶、蛋、三明治、水果……等，勿選用黏稠、質硬、太甜或精製的材料，如：糍糯、牛肉乾、巧克力、蛋糕、汽水、可樂……等。

5. 注重點心量，以不影響正餐為原則

點心宜重質不重量，以補充幼兒體力為主，不影響正餐食慾為原則的點心供應，才是理想的餐點設計。

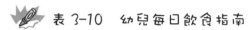 表 3-10　幼兒每日飲食指南

年齡 分量 食物		1-3 歲	4-6 歲		
			4 歲	5～6 歲	
				男	女
熱量（kcal）		1250	1250	1700	1550
奶（牛奶）		2 杯	2 杯		
蛋		1 個	1 個		
豆類（豆腐）		1/3 塊	半塊		
魚		1/3 兩	1/2 兩		
肉		1/3 兩	1/2 兩		
五穀（米飯）		1～1/2 碗	1/2～2 碗		
油脂		1 湯匙	1.5 湯匙		
蔬菜類	深綠色或深黃紅色	1 兩	1.5 兩		
	其他	1 兩	1.5 兩		
水果		1/3～1 個	1/2～1 個		

資料來源：行政院衛生署（民 86 年）

(二)餐點採購

1. 安全衛生原則

選擇有 GMP 標誌的優良食品，並注意包裝上有完整標示及

教保實務 I

說明；罐頭食品除注意標示外，還應考慮外觀有無凹凸……等異常現象，新鮮食品應選擇外觀勻稱、色澤適當及無特殊味道者。

2. 經濟實惠原則

乾貨食品如：香菇、金針……等乾料，一次購買多量可降低成本；新鮮食品則購買當季盛產的蔬菜、水果，較能符合經濟實惠原則。

(三)餐點製備

1. 烹調法多變化，符合消化機能

變化不同的烹調法，可刺激幼兒食慾，常以蒸、煮等容易消化之烹調方式製備食物，少用煎、炸等不符合幼兒消化機能的方式製備食物。

2. 製備過程合乎安全衛生

食物的大小合宜，製備過程特別注意食物清洗、餐具消毒，製備者應有良好衛生習慣，才能保證幼兒餐點的安全衛生。

3. 避免太鹹、太辣等刺激性調味

幼兒口味溫和，勿以成人喜好加入太鹹、太甜或辣椒、胡椒……等刺激性調味料，以免影響身體健康。

4. 製備色香味兼重餐點，刺激幼兒食慾

餐點製備若能兼顧色、香、味，就能激發幼兒進食的動機，進而讓用餐成為愉悅的享受。

(四)餐點供應

1. 餐點供應時間安排得當

點心供應時間應安排在距離正餐前後二小時左右，以免影響正餐食慾。

2. 供應分量以幼兒為主

活動量大、食慾佳的幼兒，與活動量小或胃口不佳幼兒的需要量一定不同，因此餐點供應量應以幼兒的需要為主，較能

滿足個別需要。

3.供應方式多變化

餐點供應方式有點心角式、自助式、家庭式及分配式等四種，
若能配合主題活動變化不同的供應方式，會讓幼兒提早學會
自制、獨立、與人分享……等能力。

4.營造恬靜、溫馨的用餐氣氛

允許幼兒輕聲交談，播放柔和恬靜的音樂，讓幼兒於用餐時
感受如家庭般的溫馨氣氛。

總之，餐點實務工作是以提供均衡營養的膳食，矯正幼兒偏食
習慣，培養良好飲食習慣、餐桌禮節，
進而使幼兒身體健康的實際工作。

圖 3-7 家庭訪問工作

五、家庭訪問（如圖 3-7）

家庭訪問提供家長和老師面對面接觸的機會，老師若能表現出
對孩子的關愛，是家庭訪問成功的第一步；因為只有讓家長感覺老
師喜愛、關心孩子，才能讓家長願意與老師、保育機構合作，達到
家庭訪問的目的。為了讓見習生了解家庭訪問實務，可安排與輔導
教師一同前往幼生家庭訪問，以下是訪問方式與注意事項：

㈠家庭訪問方式

家庭訪問分定期訪問與臨時訪問兩種：

1.定期訪問

家庭訪問可提供老師有關幼兒生活環境的第一手資訊，可讓
家長增加信賴感，進而促進保育機構與家庭的關係。因此，
定期的家庭訪問，應每學期至少實施一次。

2.臨時訪問

遇幼兒有特殊表現，或發生突發狀況時，應實施臨時訪問；

若情況輕微可採電話訪問，訪談後填寫電話聯繫記錄表（如表 3-11）。

㈡家庭訪問時應注意事項

1.訪問前

⑴發家訪通知單，說明訪視目的——

透過家訪通知單，讓家長了解訪視是一種友善的聯誼活動，其最主要的目的是幫助家長認識保育機構的老師，可減輕家長的不安；通知單上應讓家長自行填寫適合的訪視日期和時間，讓幼兒帶回保育機構，以便排定訪視時間。

⑵與家長聯繫約定訪問時間——

以電話聯繫最適當的訪問時間，並於訪問前一日再次電話確認。

⑶整理幼兒資料，填寫家訪記錄表基本資料——

訪問前填寫幼兒家庭基本資料，藉園家聯繫調查表（如表 3-12）有系統地整理幼兒各項資料，以充實家訪時談話內容，增進家長對老師、保育機構的了解與信賴。

2.訪問時

⑴準時到達、注意穿著——

穿著合宜的服裝，準時到達，能讓家長留下舒服、美好的印象。

⑵以友善有禮的態度，接受家長引導——

身為訪客的老師，應友善有禮地接受家人的接待，不可流露出對家庭生活方式或環境的驚訝與不適。

⑶談論幼兒問題，宜於幼兒不在場時談論。

⑷以輕鬆、靈敏的談話技巧，提升彼此關係——

老師以輕鬆的話題、靈敏的談話技巧訪談，會使彼此感到自在，並能提升家長—老師—幼兒之關係。

表 3-11　　（校名）○○學年度第○學期特殊電話聯繫記錄表

班別：　　　　　　教師：　　　　　　NO：

姓名		家長姓名		與幼生關係		電話	
目的							

聯繫內容

處理情形

年　　月　　日　　時間：上午　　　至

下午　　　至

教保實務 I

✎ 表 3-12 （校名）○○學年度第○學期園家聯繫調查表

編號：　　　　　　　　　　　　　　　　　　　　年　　月　　日

姓　名		性別		籍貫	省市縣市	出生	民國　年　月　日生			
住　址						電話				
周圍環境	□優美　　□整潔　　□嘈雜　　□其他：									
家庭氣氛	□民主和諧　　□和諧　　□嚴謹　　□嚴謹呆板　　□其他：									
親　屬	姓　　名		年齡	教育程度	服　務　機　關		電　　話			
父										
母										

01.寶寶出生後六個月的主食為何？　□母奶　□牛奶　□其他：

02.寶寶何時斷奶？　□六個月前　□六個月開始　□其他：

03.請回憶寶寶斷奶時有何情況：

04.寶寶從小由誰照顧、保護？　□祖父母　□父母　□保母　□其他：

05.寶寶在家裡較依賴何人？　□祖父母　□父親　□母親　□其他：

06.寶寶何時開始獨自走路？　□十一～十四月　□十五月　□十六～二十月　□其他：

07.現在寶寶與誰同睡？　□獨自　□祖父母　□父母　□其他：

08.寶寶就寢前，會做什麼事，請說明：

09.寶寶刷牙習慣如何？　□良好　□好　□不好

10.寶寶每天看多久電視？　□一小時　□二小時　□其他：

11.寶寶喜歡看那一類電視節目？　□卡通　□影集　□其他：

12.您有沒有陪寶寶一起看電視？　□有　□沒有

13.您覺得寶寶會受電視影響嗎？　□會　□不會，請說明：

14.寶寶在家裡有何狀況，讓您感到困擾，請說明：

15.寶寶較常出現的偏差行為為何，請說明：

16.寶寶出現偏差行為時，您如何處理，請說明：

　　　　　　　　　　　　　　　　　　　　　　　　　　填表人：

所長：　　　　　　主任：　　　　　　導師：

(5)訪談時間勿過長——

　　一次家庭訪問應維持在十五到三十分鐘內，以不超過三十
　　分鐘為原則，若家長邀請討論特別事務則不受此限。

(6)積極傾聽，接納建議——

　　積極傾聽家長談論的話題，才能了解家長對幼兒、老師的
　　期望；接納建議帶回保育機構，以便妥善處理。

3.訪問後

(1)填寫家庭訪問記錄表（如表 3-13）。

(2)寄感謝函——

　　感謝家長允許訪問，並對訪問家庭、幼兒做正面評價，以
　　增進彼此信賴感。

(3)召開家庭訪問工作檢討會——

　　家訪工作檢討會主要是評估家訪成果，及處理家長建議事
　　宜。

(4)追蹤——

　　繼續與家長保持聯繫，讓親師合作關係更密切，有益幼兒
　　健全發展。

　　家庭訪問工作，會增加教師很多額外的工作時間，例如：為配
合家長訪問時間的安排，及幼兒若有「人來瘋」的行為失控特質時，
教師應讓家長先了解，並討論好對策再進行訪問，才能減少訪問時
的尷尬感。綜上所述，家訪工作的成效，應建立在事前周詳的計畫
與準備之基礎上。

六、其他：班級事務的處理、所務分掌、兒福機構各項活動的參與

㈠班級事務處理

　　見習生協助填寫幼兒基本資料、健康檢查記錄卡、出缺席人數

✐ 表 3-13 （校名）○○學年度第○學期家庭訪問記錄表

編號：　班別：　訪問日期：　年　月　日上、下午　時　分至　時　分

姓名		性別		家長姓名		與幼生關係		電話	
住址						家庭生活環境 □豪華□樸實□簡陋			
同住親屬	□祖父　□外祖父　□父　□兄　人　□弟　人 □祖母　□外祖母　□母　□姊　人　□妹　人，其他：　計　人								

01.父親管教方式　□權威　□民主　□放任　□冷漠，說明：

02.母親管教方式　□權威　□民主　□放任　□冷漠，說明：

03.管教上的困擾為何？

04.夫妻關係　□和諧　□尚可　□不和諧，其他：

05.親子關係　□和諧　□尚可　□不和諧，其他：

06.兄弟姊妹關係　□和諧　□尚可　□不和諧，其他：

07.幼兒與兄姊關係　□和諧　□尚可　□不和諧，其他：

08.幼兒最喜歡的遊戲　□積木　□美勞　□園藝　□飼養　□扮演，其他：

09.幼兒在家的休閒　□閱讀　□電視　□繪畫，其他：

10.幼兒生活習慣　□良好　□尚可　□不好，說明：

11.幼兒居家情緒　□穩定　□尚可　□不穩定，說明：

12.假日全家休閒活動　□郊遊，多久一次：　□散步，其他：

13.幼兒上學情形　□喜歡　□尚可　□不喜歡　□哭鬧，原因：

14.幼兒較常為何事發脾氣？請說明：

家長對學校的建議	
訪談感想	
所長評閱	

所長：　　　　主任：　　　　填表者：

統計，與晨間檢查……等事務工作。

（二）所務分掌

高職階段見習生，在所務工作參與內容為接聽電話、連絡缺席幼生家長，了解幼兒未到校原因後，填寫電話記錄一覽表（如表 3-14）；維持辦公室整潔，和整理教學資源室、協助影印各項資料……等。

（三）兒童福利機構各項活動的參與

見習生應掌握園所舉辦親職座談會（如圖 3-8）、園遊會（如圖 3-9）、親子運動會……等活動機會，學習辦理各項活動的技巧與經驗。

圖 3-8　參與舉辦親職座談會活動

圖 3-9　參與舉辦園遊會活動

貳 教保活動的見習

教保活動的見習，有協助日、週教保活動設計，參與教保情境的布置，協助製作教具和準備教材，協助設計教保活動評量表，及教保活動的觀察與記錄等五項。

關於教保活動的詳細內容，於第四章教保實習再敘述。見習生在教保活動見習時，最主要的工作是參與了解見習機構教保模式的教保內容與教保技巧、學習如何布置情境、準備教材教具，以達成教學效果。

為評估教學效果達成與否，見習生應學習設計評量表；為了記錄並了解幼兒學習狀況，見習生應參與教保活動的觀察與記錄工作。

總之，見習生參與任何工作後，應擇機與輔導教師討論，虛心接受指導，省思探究見習缺失，才能使下一階段的教保實習工作順利。

表 3-14　（校名）○○學年度第○學期電話記錄一覽表

日　期					
時　間					
來電者					
事　由					
接聽者					
處　理 情　形					
備　註					

意義	實習生在輔導教師的指導下，參與保育機構的教保工作、行政工作
功能	1. 獲得直接教保工作經驗 2. 增進教保工作的實際知能 3. 了解教保實習機構的實況 4. 增進適應教保實習環境的能力 5. 認識教保人員的責任與工作態度
種類	1. 就性質言，分教保見習、行政見習兩種 2. 就時間言，分初期見習、後期見習兩種
內容	1. 保育工作：接送幼兒、導護活動、生活輔導、餐點實務、家庭訪問、其他（如：班級事務的處理、所務分掌、園所活動的參與） 2. 教保活動：協助日、週教保活動設計，教保情境布置、製作教具、準備教材、協助設計教保活動評量表、教保活動的觀察與記錄
注意事項	1. 見習前：搜集資料、分組、分配工作、聘請輔導教師、擬見習計畫 2. 見習時：遵守作息規定、微笑、注意禮貌、主動親近幼兒、認真學習、積極主動參與各項活動、不主動聯繫家長、隨時記錄、適時發問、撰寫省思札記 3. 見習結束：彙整見習心得報告、召開見習檢討座談會、見習機構評估
保育機構見習	1. 保育工作見習內容如下： ・接送幼兒：幼童專用車接送、家長自行接送 ・導護活動：室內外環境、設備安全檢視、室內外遊戲安全監護與指導、門口管制導護及隱藏的環境危機 ・生活輔導：飲食、睡眠、排泄、清潔、收拾、穿著……等生活習慣的培養 ・餐點實務：餐點設計、採購、製備、供應 ・家庭訪問：分定期訪問與臨時訪問兩種 　應注意事項如下： ✍訪問前：發通知單、說明訪視目的、約定訪問時間、填基本資料 ✍訪問時：準時、注意穿著、友善有禮接受家長引導、積極傾聽、接納建議、輕鬆靈敏的談話技巧、幼兒在場不宜討論幼兒問題、訪談時間勿超過三十分鐘 ✍訪問後：填家訪記錄表、寄感謝函、召開家庭訪問工作檢討會、追蹤 ・其他：班級事務處理、所務分掌、園所活動的參與 2. 教保活動見習（詳如第四章）

一、是非

( ) 1.見習是「參與」，是教保實習前的準備工作。

( ) 2.見習是一邊觀摩研究，一邊參與活動的學習方式。

( ) 3.見習就性質言，分初期見習與後期見習兩種。

( ) 4.見習生能實地參與教保活動，屬於初期見習。

( ) 5.見習生協助教保情境布置，是屬於保育工作見習內容。

( ) 6.見習前對見習機構愈了解、熟悉，能協助見習生提早適應見習機構。

( ) 7.見習生見習班級應固定，且見習班級應為未來教保實習之班級。

( ) 8.見習生於見習期間不能主動與家長聯繫。

( ) 9.生活輔導工作，指保育人員發揮高度的敏覺力，去察覺或預防可能發生的意外。

( ) 10.預防幼童發生意外最直接的方法，就是禁止幼童攀爬或攀登遊樂器材。

二、選擇

( ) 1.下列何者為保育工作見習的內容？①製作教具②接送幼兒③家訪④餐點實務⑤生活輔導⑥教保情境布置　(A)①②③④　(B)②③④⑤　(C)②③④⑥　(D)①②③⑤。

( ) 2.幼童在保育機構活動時，常因下列那些因素發生意外？①地毯不平②地板潮濕③穿著寬大衣服④鞋帶未繫好⑤遊樂器材破損、故障　(A)①②④⑤　(B)①③④⑤　(C)①②③④　(D)①②③④⑤。

( ) 3.下列何者為幼童最易發生意外之處，見習生應特別注意安全導護？①廁所②活動室③廚房④戶外遊戲場⑤寢室　(A)①③④⑤　(B)①②④⑤　(C)①②③④　(D)②③④⑤。

( ) 4.下列何者為生活輔導的內容？①飲食②排泄③穿衣④清潔⑤擦拭桌椅　(A)①②③④⑤　(B)①②③④　(C)①②④⑤

(D)②③④⑤。

( ) 5.進行幼童生活輔導時，應避免何種行為？ (A)凡事代勞 (B)隨時提醒 (C)指令清楚 (D)耐心等待。

( ) 6.民國八十六年行政院衛生署建議四歲幼兒每日熱量需要量為何？ (A) 1250 kcal (B) 1300 kcal (C) 1550 kcal (D) 1700 kcal。

( ) 7.下列何者為最適合幼兒的點心？ (A)巧克力 (B)蛋糕 (C)牛奶 (D)牛肉乾。

( ) 8.為幼兒採購餐點，應選擇有何標誌之食品？ (A)正字 (B) ST (C) GMP (D) WTO。

( ) 9.下列何者為較符合幼兒消化機能之食物？ (A)牛肉乾 (B)蒸蛋 (C)煎魚 (D)炸雞塊。

( ) 10.某托兒所於十一點五十分進行午餐，請問下午點心最好於何時進行？ (A)下午一時 (B)下午二時 (C)下午三時 (D)下午三時半。

( ) 11.下列何者為提供家長和老師面對面接觸的活動？ (A)導護活動 (B)生活輔導 (C)餐點實務 (D)家庭訪問。

( ) 12.關於家庭訪問的敘述，何者錯誤？ (A)家訪應在 15～30 分鐘內 (B)家訪前應讓家長了解訪視目的 (C)幼兒在場不宜談論幼兒問題 (D)為掌握家訪不超過30分鐘原則，應不顧一切將訪視目的談完。

( ) 13.下列何者為家訪後應進行之工作？①填幼兒基本資料②決定訪視路線③填家訪記錄表④寄感謝函⑤家訪工作檢討會⑥家訪工作說明會 (A)①③④⑤ (B)①④⑤⑥ (C)③④⑤ (D)①②③④。

( ) 14.每學年至少應實施幾次定期家庭訪問？ (A)一次 (B)二次 (C)三次 (D)四次。

( ) 15.下列何者為見習生參與班級事務處理的工作內容？①填幼生基本資料②統計出缺席人數③晨間檢查④參與親職座談活動 (A)①②③④ (B)②③④ (C)①②③ (D)①②④。

一、試述見習的涵義與功能。

二、見習的種類為何？

三、見習包含那些內容，試簡述之。

四、試述見習前應注意事項。

五、試述見習時應注意事項。

六、試述見習結束應注意事項。

七、試述幼童專用車隨車人員應注意事項。

八、家長自行接送幼童時見習的注意事項為何？

九、簡述導護活動的工作內容及注意事項。

十、試舉二項生活輔導工作的輔導原則。

十一、試述為幼兒設計餐點時應注意事項。

十二、試述為幼兒製備餐點時應注意事項。

十三、試述幼兒餐點供應時應注意事項。

十四、簡述家庭訪問時應注意事項。

十五、試述你曾經參與幼兒園所活動的心得。

十六、試述見習時最難忘的經驗。

一、是非

1.（○）　6.（○）
2.（○）　7.（○）
3.（×）　8.（○）
4.（×）　9.（×）
5.（×）　10.（×）

二、選擇

1.（B）　9.（B）
2.（D）　10.（B）
3.（C）　11.（D）
4.（A）　12.（D）
5.（A）　13.（C）
6.（A）　14.（B）
7.（C）　15.（C）
8.（C）

Chapter 4

教保實習

學習目標

- 了解教保實習的內涵
- 能做好教保實習前各項準備工作
- 實地分組試教,獲得實用教保知能
- 能進行幼兒學習活動觀察與記錄
- 體會教保人員的責任與倫理

引言→做中學之一

　　經過了一段時間的看與做，<u>安</u>在老師的引導、鼓勵下，勇敢地走進了教室。

　　「小朋友，你們身上穿的衣服是在那裡買的？」

　　「媽咪帶我去新光三越買的。」

　　「我的衣服是爸爸和媽媽去台北遠東買的。」

　　「安安老師！我的是高雄漢神百貨買的。」

　　「老師！我的衣服是台南遠東買的。」

　　「喔！有好多地方可以買到小朋友的衣服，來！來！我們一起來說說，有那些地方？」

　　「遠東、新光三越、漢神。」小朋友們齊聲回答。

　　「這些地方叫『百貨公司』。如果我們學校是百貨公司，讓我們一起來想想可以賣什麼？」

　　「大人的衣服！」「泳裝！」「巧克力！」「鞋子！」……小朋友興奮地談論著。

　　<u>安</u>在教室中，正試著進行方案課程活動。

 ## 動動腦

　　<u>腦力激盪</u>──請大家共同思考，進入教保實習階段，與所學那些學科有關？討論後請針對教學原則、教學法深入探討。

第一節
教保實習的意義

　　幼保科學生經過了參觀、見習過程後，已經對教保環境、教保活動內容、教保對象有初步的了解與認識。為了讓學生進一步體驗教保意義，學習基本教保知識與技能，就必須進行教保實習活動。

　　教保實習就是學生在實習指導教師的指導協助下，事前充分準備、計畫，透過實地試教，來獲得實際教保經驗與基本教保知能的活動（如圖4-1）。

圖4-1　教保實習之一：保育體操活動

教保實習準備工作

　　準備工作周延、詳盡，教保實習工作進行才會順利。接著說明教保實習各項準備工作：

 壹　分組

　　教保實習是一種綜合性的實務工作，其內容有保育工作、教保工作、行政工作等三大項，為了讓每位學生都能實際體驗各項工作實務，必須分組進行工作分配。

　　教保實習前應依實習機構班級數及實際需要分組。對於第一次實際面對幼兒教學的實習生而言，最好每二人為一小組，好讓學生彼此討論、互相照應，而試教班級分組更應與見習時見習班級分組相同，有益試教工作之進行。可參考表1-3（頁22）的實習分組表，及表 1-4（頁 23）的實習工作分配表中，四十五位幼保科同學到托兒所（二班，四大組）教保實習的分組情形。

 貳　聯繫教保實習事宜

　　大部分高職幼保科學生，都是在學校附設托兒所進行教保實習，所以教保實習前的聯繫工作會較容易、簡化。其事前由各組小組長聯繫之工作如下：

一、聯繫教保實習日期、時間。

二、全體幼生姓名、特殊幼生表現。

三、教學行事曆。

四、教保實習內容與實習托兒所的配合事宜。

五、評量：如何評量教保實習成效，說明評量表評量的方法。

六、檢討：與保育機構輔導教師討論如何增強實習生實際教保能力及環境規畫……等事宜。

 ## 編寫教保活動設計

通常實習指導教師會要求學生於試教前，編寫教保活動設計（又稱教案），以作為教保實習的依據。活動設計時應注意事項如下：

一、配合幼兒身心發展及生活經驗。

二、活動設計應包含認知、動作技能、情意三方面。

三、活動內容涵蓋多項領域，如：健康、遊戲、音樂、工作、語文、常識等領域。

四、活動設計應具彈性與隨機性，並兼顧個別差異需要。

五、每天活動包含團體、小組、個別的活動型態。

六、活動時間應充裕有彈性，讓幼兒能深入探索學習。

七、活動設計應重視舊經驗和新經驗的銜接，設計由淺入深，由簡而繁，由具體而抽象的學習活動。

八、活動設計應能延伸園、家合作，落實親職教育與學校教育功能。

九、活動設計應能協助幼兒自我認識與發展，學習與他人互動、互助的技巧。

十、重視學習過程的觀察與形成性評量。

十一、活動設計宜注意縱的銜接與橫的聯繫，以達程序性、繼續性、統整性的原則。

編寫教保活動設計表格多樣，實習指導教師可依學生能力、需

要，讓學生試著以不同表格設計教保活動。以下提供兩份不同表格內容的教保活動設計以供參考（如表 4-1、表 4-2）。

教保活動設計完畢，應依教保目標、教保對象、教保活動內容，選擇合適之教學法，並以開放的態度隨機彈性地引導幼兒學習；切記活動設計乃提供教學之參考依據，千萬別受制於活動設計內容，而使幼兒的學習變成無趣、沒有意義。

表 4-1 （校名）幼兒保育科教保實習活動設計表（簡案）

週次	第十七週	單元名稱	夏天到了		設計者	鄭玉珠
單 元 內 容		水裡的動物			年 齡	3～4 歲
生活常規指導		吃魚的時候會注意魚刺				
學 習 目 標		1. 認識水裡動物。 2. 了解水裡動物的生態。 3. 會利用各種材料，設計水裡動物造型。 4. 激發研究水裡動物的興趣。				
學習活動過程		引起動機 → 語 文 → 常 識 → 工 作 → 遊 戲 律 動 → 歌 曲 → 評 量 → 自由活動 主要活動：1. 觀察水裡動物。 　　　　　2. 飼養水裡動物。				
學習活動內容		一、引起動機：由觀看水族箱內的生物引起動機。 二、語文：以「老公公和螃蟹」故事引起動機 　　　　　　1. 扮演活動。 　　　　　　2. 兒歌：螃蟹兩把刀，章魚八隻腳； 　　　　　　　　　　蝦子穿紅袍，魚兒水裡游； 　　　　　　　　　　青蛙水裡跳，快樂咪咪笑。 　　　　　　3. 認字：魚。 三、常識：1. 觀察魚、螃蟹在水裡活動情形。 　　　　　2. 會耐心地觀察、飼養水裡的動物。 　　　　　3. 討論水裡動物的種類。 　　　　　4. 思考當魚躲在水裡，鰭停止擺動時在做什麼。				

（下頁續）

（續上頁）

<table>
<tr>
<td></td>
<td>

四、工作：1.紙盒螃蟹製作：各式紙盒、火柴棒、毛線、鈕釦、色紙。

　　　　　2.利用黏土製作水裡動物。

　　　　　3.摺紙船。

五、遊戲：1.釣魚遊戲：比賽在一分鐘內誰釣起來的魚最多。

　　　　　2.共同布置小池塘。

六、律動：

F4/4　魚游水

| 12　32　1 － | 23 43 2 － | 3 5 5 3 | 43 21 2 － |
| 12　32　1 － | 23 43 2 － | 3 5 5 3 | 43 22 1 － ‖

　　動作：㈠學魚游水
　　　　　㈡學螃蟹走路

七、歌曲：

F4/4　金魚缸

| 3 2 3 － | 6̣ 5 6̣ － | 6̣ 1 6̣ 1 2 5 | 3 － － － |

　　金魚缸　　大肚皮　　缸裡養隻小金　魚

| 3 5 6 5 3 2 | 1 － － － ‖: 3 0 3 0 | 6̣ 5 6̣ － :‖

　　搖搖尾巴張著　嘴　　　　　咕嚕咕嚕　喝口水

八、評量：1.會說出二種以上水裡動物的名稱。

　　　　　2.能正確模仿魚、螃蟹在水裡移動的動作。

九、角落活動：娃娃角：扮演水裡動物的生活情形。

　　　　　　　遊戲角：釣魚遊戲、配對遊戲、序列遊戲。

　　　　　　　創作角：創作水裡動物造型。

　　　　　　　　1.紙盒螃蟹。

　　　　　　　　2.黏土製作。

　　　　　　　　3.摺紙。

</td>
</tr>
<tr>
<td>教　　具</td>
<td>

1.實物——魚、蝦、螃蟹、烏龜……等。

2.教具——魚的配對卡、序列卡，釣魚遊戲池。

3.火柴盒、火柴棒、漿糊、剪刀、黏土、毛線、鈕釦、色紙。

</td>
</tr>
</table>

4

教保實習

表 4-2 （校名）幼兒保育科教保實習活動設計表（簡案）

設計者：鄭玉珠

單元名稱	紅紅的草莓	班　別	綿羊班	人　數	20 人
日　　期	90.4.9～4.20	活　動　時　間		二週	

教學目標	一、了解草莓生長的環境。 二、了解草莓繁殖的過程。 三、認識草莓的結構。 四、知道草莓與人類日常生活之關係。 五、會製作草莓造型。 六、培養愛護植物的情操。	行為目標	1-1 能說出草莓生長的季節。 1-2 能說出草莓生長的環境、溫度。 2-1 能說出栽培草莓的方法。 2-2 能畫（說）出草莓繁殖過程。 3-1 能說（指）出草莓各部之名稱。 3-2 能說出草莓的顏色、形狀。 4-1 能說出三項草莓食品。 4-2 能說出草莓對人體之益處。 5-1 會利用不織布製作草莓。 5-2 會用黏土、麵泥捏塑不同草莓造型。 6-1 不隨意攀折花木、不踐踏草皮。 6-2 會幫家（園）中盆栽澆水、清理。

活動綱要	活動一：採紅紅的草莓——採草莓活動、認識草莓 活動二：好吃的草莓——品嚐草莓食物、了解草莓對人類之益處 活動三：認識草莓——知道草莓生長季節、環境及繁殖過程 活動四：草莓造型大展——會利用不同材料創作草莓造型 活動五：草莓園——合作完成草莓園，舉辦參觀、品嚐活動

活動項目	活動目標	活動內容、過程	時間	教學資源	教學評量
		一、準備活動 1. 連絡採草莓之地點、租車。 2. 拍攝草莓生長過程之影帶或照片。 3. 製作草莓拼圖卡、草莓繁殖過程圖卡。			

（下頁續）

（續上頁）

活動項目	活動目標	活動內容、過程	時間	教學資源	教學評量
一		4.準備黏土或麵泥、不織布、紙、果汁機、牛奶、紙杯、水、餅乾、土司。 5.草莓造型偶。 6.情境布置：草莓偶、圖書、照片。 二、發展活動 **活動一：採紅紅的草莓**	2天		
	3-2	1.引起動機：教師以草莓實物或圖片，讓幼兒摸或看，來引起採草莓之興趣。 2.討論、發表： 　(1)討論採草莓時應注意事項。 　(2)發表採草莓的方法。 　(3)討論搭車時應注意事項。 3.教師統整、叮嚀注意事項。		草莓實物 草莓圖片、照片	會參與摸草莓活動 會參與討論，並發表想法
	4-1	4.出發至目的地採草莓。 5.製作草莓食品：草莓果汁、草莓牛奶、草莓夾心餅。 6.品嚐草莓食品。 7.分享、品嚐草莓食品及採草莓經驗。 8.收拾整理。		遊覽車、急救箱 果汁機、牛奶、紙杯 餅乾、開水	能遵守約定，至草莓園採草莓 安靜等候製作草莓食品 參與品嚐草莓食品 發表品嚐草莓食品經驗 會收拾整理場地

（下頁續）

（續上頁）

活動項目	活動目標	活動內容、過程	時間	教學資源	教學評量
二		*活動二：好吃的草莓*	2天		
	4-1	1.引起動機：教師準備多樣以草莓製作之點心、飲料。		草莓夾心餅 草莓三明治 草莓冰淇淋、 食品字卡	能說出三種草莓食品名稱
	4-1	2.品嚐大會：讓幼兒說出品嚐各類草莓食品之感覺。			
	4-2	3.討論：草莓的營養成分。			能說出一項以上草莓食品的營養
	4-2	4.兒童劇欣賞：以愛吃草莓及不吃草莓（偏食）之幼兒為主角，編一兒童劇，讓幼生了解偏食之後果。		草莓頭套 布幕	能說出草莓食品對人類的益處
		5.發表觀看兒童劇感想。			能踴躍發表
		6.籌備演出：製作演出道具、安排角色、分配工作。			會製作演出道具 能參與工作分配 願與人分享
		7.演出「偏食」兒童劇。			
		8.分享、整理。			
三		*活動三：認識草莓*	2天		
		1.引起動機：以草莓生長過程之影帶或照片引起。		錄影帶、照片	能安靜觀賞影片
	1-1 1-2	2.討論、發表：看完影帶或照片後說出草莓繁殖過程，以及草莓生長季節、溫度。		草莓繁殖過程圖卡	能說出草莓生長的季節、環境、溫度
	3-1 2-1	3.教師說明草莓結構，並介紹各部名稱。		草莓分部圖卡、字卡	能說出草莓各部位名稱

（下頁續）

（續上頁）

活動項目	活動目標	活動內容、過程	時間	教學資源	教學評量
	2-2	4.序列遊戲：讓幼兒以圖卡排出草莓繁殖之過程（較小的幼生可玩拼圖卡，如附件一）。		草莓拼圖卡、草莓繁殖過程圖卡	能說出（排出）草莓繁殖過程
	2-2	5.畫草莓、找各部位名稱字卡。		字卡	會畫草莓、找出正確字卡
		6.收拾整理。			會收拾整理場地
	6-1	7.討論折損草莓苗、不澆水的後果。			能參與討論
四		**活動四：草莓造型大展**	2天		
		1.引起動機：讓幼兒回憶採草莓之過程。			能說出採草莓情形
		2.介紹材料使用方法：			
	5-1	a.不織布之剪貼法。		不織布、白膠	能自由創作草莓造型
	5-2	b.黏土或麵泥之捏塑法。		粘土、麵泥、剪刀	
		3.提供材料、自由創作。			
		4.創作造型大展，分享創作經驗。			能說出造型心得
	3-2	5.將各種造型分類，如：圓的、尖的，依形狀放入分類盒。		分類盒	能將不同造型草莓依分類盒分類
		6.收拾整理。			會收拾整理場地
五		**活動五　：草莓園**	2天		
	3-2	1.引起動機：以草莓的故事或兒歌引起，可找或自編相關故事或兒歌。		兒歌圖卡圖書	會複述故事或唸兒歌

•草莓歌•

白白的草莓花
香香甜甜的花
長出綠綠、白白的草莓
變成紅紅、尖尖的草莓

（下頁續）

4

教保實習

（續上頁）

活動項目	活動目標	活動內容、過程	時間	教學資源	教學評量
	5-1 5-2	2.合作畫：將已製好之草莓造型放或貼在圖畫紙上，共同創作完成草莓園。		紙	能與人合作完成草莓園
	6-1 6-2	3.發表：在教師引導下，說出照顧及愛護草莓之方法，進而啟發愛護植物之情操。			會說出照顧及愛護草莓的方法
		4.數一數：各組幼兒數一數草莓株上共有幾片葉子、幾朵花、幾顆草莓。		合作畫	能正確數數
		5.舉辦草莓園造型大展，布置場地。		草莓園合作畫	會參與布置展覽場地
	4-1 4-2	6.自製草莓果汁、草莓牛奶、草莓三明治、草莓夾心餅。		果汁機、牛奶、餅乾、土司、開水、盤子、紙杯	會自製一種草莓食品
		7.邀請他班幼兒品嚐自製草莓食品，參觀草莓園造型展分享。			會邀請他班幼兒參與品嚐、參觀 能說出參觀感想
		8.收拾整理。			會收拾整理場地

（下頁續）

（續上頁）

附件一：草莓拼圖卡

附件二：草莓繁殖過程圖

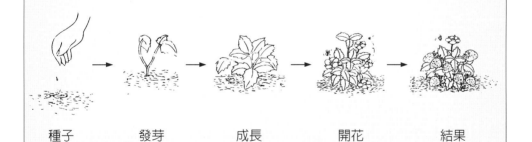

註：將草莓繁殖過程製作成圖卡，讓幼生排出草莓繁殖過程順序

肆 布置教學情境

　　校園中的物質環境、社會環境、文化環境，會對學習者產生潛移默化的影響力；教學情境設計的良窳，會產生不同的教與學互動的模式。因此，如何創造一個富吸引力的多元開放空間，讓幼兒進行獨立的學習活動，以建立其獨立自主人格，增進適應環境能力，是布置教學情境時應努力的方向。為達上述目的，布置教學情境應掌握下列六項原則：

一、適合原則

　　教學情境布置應以幼兒為主體，符合幼兒生活經驗與身心發展需要，以增進其適應環境的能力。

二、豐富原則

　　教學情境布置應配合教保活動主題（單元），放置多元豐富的原始材料與教具，以激發幼兒學習的動機。

三、自由原則

　　教學情境是一個安全，並可以讓幼兒自由選擇、自由觀察與自由取用、操作的自主學習空間，能培養獨立自主人格特質之幼兒。

四、責任原則

教學情境應包含可進行個別化學習、小組學習、團體學習的空間布置，教材豐富多元、教具擺放井然有序，提供一個讓幼兒自由選擇、主動參與的活動型態。如此不但能讓學習變成一種樂趣，還能培養專注及耐心完成工作的責任感。

五、興趣原則

讓幼兒參與教學情境布置，或於活動室內設一個分享空間，不定期展示師生各項創作成果，不但能提高學習興趣，還能藉觀摩、分享，激發想像力、創造力。

六、統整原則

教學情境布置是整體規畫，此整體規畫是達成「認知」、「技能」、「情意」三方面均衡發展的統整原則。換句話說，教學情境布置應能達成培養幼兒主動探索知識潛能，願意快樂學習動作技能，與養成良好生活習慣，陶冶積極樂觀的人生態度為主的統整設計。

總之，設計一個開放多元的創造性學習環境，營造自由、互信、民主的學習氣氛，教師又能提供無條件的積極關懷，引導幼兒不斷探索學習，才能使活動室成為探索知識、技能，培養良好習慣、態度、正確人生觀的快樂天堂。

伍 製作教具

　　教具是進行教保活動所使用的器具，因此製作教具時，除了應考慮幼兒的能力、興趣、需要外，還應顧及安全性、經濟實用性、趣味性、精緻性、多元性等原則，才能達成下列功能：

一、使教學活潑，激發學習興趣。

二、讓抽象觀念具體化，獲得正確經驗。

三、啟發思想，培養解決問題能力。

四、自我學習、自我探索。

五、充實生活經驗。

　　斐斯塔洛齊（J. H. Pestalozzi, 1746～1827）提倡直觀教學法，強調學習任何事物或情境應藉直接經驗學習；換句話說，即直接運用實物，讓幼兒從實物的形狀（形）、名稱（名）、數量（數）來產生直接概念，再歸結到抽象的觀念和文字。赫伯（J. F. Herbart, 1776～1841）在其所著《普通教育學》一書中，主張兒童應多與實物接觸。而福祿貝爾（F. Froebel, 1782～1852）的恩物、蒙特梭利（D. M. Montessori, 1870～1952）的各式教具（兒童的工作材料），都提供兒童自由操作、探索的機會。綜合上述學者的看法，即設計製作各項適合幼兒身心發展的教具，讓幼兒親自操作、探索，能訓練及培養幼兒各種能力。

　　製作教具時，應有完整的規畫與設計，以下接著說明教具設計製作之流程：

一、確認目標

　　研究此教具所要達成的目標，再據此設計能達成目標之教具。

二、考慮對象

考慮使用教具對象的能力、興趣、需要及個別差異,設計製作能促進幼兒發展的多元教具。

三、決定形式

決定教具的活動形式,如:個別學習用或團體、小組使用;再依據活動形式設計遊戲形式,如:配對遊戲、分類遊戲、賓果遊戲……等。

四、決定製作材料

依據教具遊戲形式、使用頻率、安全性……等條件,決定用紙材、布材、原木或其他材料。

五、製作教具

考慮實用、安全、適切、趣味、精緻、多元等原則,製作兼顧個別差異、自我矯正、操作容易且指導性低的安全教具。

六、製作教具收藏盒

讓所有的學習教具,有一個適合的家——收藏盒,可培養幼兒物歸原處、收拾整理的習慣。

4

教保實習

七、撰寫教具卡

說明教具的玩法、注意事項。

八、試用與修改

設計製作能激發自學動機的多元教具，是提升教學效果的最佳途徑；而製作的教具若能與幼兒生活經驗有關，卻是提升幼兒適應環境與培養解決問題能力的最好方法。所以，教具要讓幼兒方便使用，並觀察使用情形適時修改，使更符合上述功能。

 ## 幼兒學習活動的觀察與記錄

為了解幼兒學習狀況，評估幼兒學習能力，無論幼兒參與團體學習、小組學習或個別化學習，都應進行觀察與記錄，以作為設計教保活動、製作教具，及提供行政決策之參考依據（如圖 4-2）。

幼兒學習活動觀察與記錄，分結構式與非結構式二種記錄方式，不管採用何種方式，都應事前依據教保目標或欲了解之行為設計觀察記錄表，茲分別舉例說明如下：

一、結構式觀察與記錄

結構式觀察與記錄表，有明確具體的觀察項目、行為表現水準等級，觀察者只要於事前對觀察項目、行為表現有明確的定義與認知，就能客觀地進行記錄。此種觀察記錄方式可於同一時間觀察記錄不同幼兒的學習狀況，節省觀察者很多時間與精力。茲以「紅紅

的草莓」單元教學為例（如表 4-2「紅紅的草莓」單元教案），來設計幼兒學習活動觀察評量記錄表（如表 4-3、4-4、4-5、4-6、4-7）。

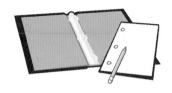

二、非結構式觀察與記錄

　　非結構式觀察與記錄，是以描述性的方式記錄幼兒在任何時、地、物的表現，此種觀察記錄方式能清楚地了解幼兒在活動過程的反應、表現，及與他人互動的情形。茲以「單元」（如表 4-8）和行為觀察為例（如表 4-9），設計二種觀察記錄表供做參考。

圖 4-2　教保活動的觀察：參與觀察

表 4-3 （校名）幼兒學習活動觀察評量記錄表

單元名稱：紅紅的草莓　姓名：　　　　　　評量日期：　年　月　日至　月　日 No.

評量主題	評量 內 容		觀察結果			
			優異	好	尚可	加油
活動一：採紅紅的草莓	認知	1.能說出一項以上採草莓應注意事項				
		2.能說出二項搭車時應注意事項				
		3.能說出草莓的顏色				
		4.能說出二項草莓食品的名稱				
		5.				
		6.				
	技能	1.能說出品嚐一項草莓食品的感覺				
		2.會分辨成熟與不成熟的草莓				
		3.會採下成熟的草莓				
		4.				
		5.				
		6.				
	情意	1.會遵守搭車規則				
		2.能安靜等候製作草莓食品				
		3.會參與摸草莓活動				
		4.能參與各種討論				
		5.				
		6.				
	其他					
	老師的話					
	爸媽的話					

（註：請在適當位置打「✓」，空白欄請填寫補充說明）　　　記錄者：

表 4-4 （校名）幼兒學習活動觀察評量記錄表

單元名稱：紅紅的草莓　姓名：　　　　　評量日期：　年　月　日至　月　日 No.

評量主題	評量內容		觀察結果			
			優異	好	尚可	加油
活動二：好吃的草莓	認知	1.能說出二種以上草莓食品名稱				
		2.能說出一項以上草莓食品的營養				
		3.能說出一項草莓食品對人類的益處				
		4.能說出一項以上偏食的後果				
		5.				
		6.				
	技能	1.能參與發表觀賞兒童劇的感想				
		2.會參與兒童劇的演出				
		3.會製作演出兒童劇的道具				
		4.				
		5.				
		6.				
	情意	1.能安靜觀賞兒童劇				
		2.能與他人合作演出兒童劇				
		3.會協助清洗茶杯、盤子等用具				
		4.會收拾整理場地				
		5.				
		6.				
	其他					
	老師的話					
	爸媽的話					

（註：請在適當位置打「✓」，空白欄請填寫補充說明）　　記錄者：

4

教保實習

表 4-5　（校名）幼兒學習活動觀察評量記錄表

單元名稱：紅紅的草莓　姓名：　　　　　評量日期：　年　月　日至　月　日 No.

評量主題		評　量　內　容	觀察結果			
			優異	好	尚可	加油
活動三：認識草莓	認知	1.能說出草莓生長的季節				
		2.能說出草莓生長的環境、溫度				
		3.能說出草莓各部位名稱				
		4.				
		5.				
		6.				
	技能	1.能正確進行草莓部位名稱字卡配對				
		2.會畫出草莓				
		3.能依序排出草莓繁殖過程				
		4.能拼出草莓造型拼圖				
		5.				
		6.				
	情意	1.能積極參與討論				
		2.不隨意攀折花木				
		3.不踐踏草皮				
		4.會收拾整理場地				
		5.				
		6.				
	其他					
	老師的話					
	爸媽的話					

（註：請在適當位置打「✓」，空白欄請填寫補充說明）　　記錄者：

表 4-6　（校名）幼兒學習活動觀察評量記錄表

單元名稱：紅紅的草莓　姓名：　　　　　　評量日期：　年　月　日至　月　日No.

評量主題		評量內容	觀察結果			
			優異	好	尚可	加油
活動四：草莓造形大展	認知	1.能說出採草莓的感覺				
		2.能說出製作草莓造型材料名稱				
		3.能說出（分辨）草莓形狀				
		4.能依草莓形狀分類				
		5.				
		6.				
	技能	1.會用不織布製作一個草莓造型				
		2.會用黏土或麵泥捏塑一個草莓造型				
		3.能自由創作一個草莓造型				
		4.會設計布置草莓造型展場地				
		5.				
		6.				
	情意	1.能參與草莓造型展場地布置				
		2.活動過程會注意安全				
		3.能主動收拾、整理場地				
		4.				
		5.				
		6.				
	其他					
	老師的話					
	爸媽的話					

（註：請在適當位置打「✓」，空白欄請填寫補充說明）　　記錄者：

表 4-7 （校名）幼兒學習活動觀察評量記錄表

單元名稱：紅紅的草莓　姓名：　　　　　評量日期：　年　月　日至　月　日No.

評量主題		評量內容	觀察結果			
			優異	好	尚可	加油
活動五：草莓園	認知	1.能複述草莓的故事或唸兒歌				
		2.能說出二項照顧愛護草莓的方法				
		3.能說出參觀草莓造型展的感覺				
		4.能正確數 1～6 的草莓				
		5.				
		6.				
	技能	1.能與他人合作完成草莓合作畫				
		2.會自製一項草莓食品				
		3.能知道為盆栽澆水				
		4.會清理校園草皮雜草或雜物				
		5.				
		6.				
	情意	1.能參與布置草莓園展覽會場				
		2.會大方地邀請友伴品嚐自製草莓食品				
		3.能主動收拾、整理場地				
		4.				
		5.				
		6.				
	其他					
	老師的話					
	爸媽的話					

（註：請在適當位置打「✓」，空白欄請填寫補充說明）　　記錄者：

表4-8 （校名）幼兒學習活動觀察評量記錄表

單元名稱： 　　姓名： 　　評量日期： 　年　月　日至　月　日NO.

主動學習	語言	表徵	分類	序列	數量	空間概念	時間概念
		4/10 把二塊圓 形積木重 疊說：「 漢堡。」					

（註：每一敘述前要登錄日期） 　　　　記錄者：

表 4-9　（校名）幼兒行為觀察記錄表

觀察主題							觀察者	
被觀察者			年齡	歲	排行		特徵	
觀察情境					觀察方法			

觀察動機：

時　　間	事　　　　實	推　　論

行為分析：

結論：

建議：

第三節

分組試教

　　分組試教即在同一時間將全班同學分成若干小組，進行實地試教之意。由於幼保科教保實務課程每週七小時，所以大概只能安排二個上午的試教課程；然因幼保科學生能力、興趣不同，為適應學生個別差異，試教宜採「逐步進階」方式進行，讓學生依自己能力、興趣，配合實習指導教師要求，自行安排試教進階。安排原則敘述如下：

- 單一活動（約二十～三十分）▸衍接二個活動（四十～六十分）▸一個上午的活動（包含晨間活動、餐點活動、午休）▸全天活動
- 靜態活動▸動態活動▸動、靜穿插活動
- 室內活動▸戶外活動▸室內、戶外穿插活動▸戶外教學
- 實習機構輔導教師協助▸獨立試教

　　試教前做好充分準備，例如：設計每一個教保活動流程，包含引起動機、活動後的收拾、分享流程，準備合適的教材、適量的教具，布置豐富多元刺激的教保情境；試教過程應隨時掌握幼生情緒，適時介入引導，維持師生良好互動關係，做好活動室的經營管理，才能有效提升幼兒學習效果。

　　活動室的經營是實習生試教時最頭痛的問題，因為試教時所面對的每個幼兒興趣、需要均不同，如何引導幼兒專注、快樂地學習，是新手教師很大的困擾。為使實習生於試教時，能掌握活動室狀況，保持師生正向互動關係，以下接著說明各種教保活動型態，及活動進行時應注意事項。

4

教保實習

壹 自由活動

圖 4-3 自由活動

一、目的

引導幼兒自動自發，提供操作探索的學習機會（如圖 4-3）。

二、實施時注意事項

㈠配合主題、單元，考慮活動室大小，來設計不同的學習區。

㈡每一學習區教具、玩具的設置井然有序，教具、玩具數量應與幼兒人數配合，並隨時補充損耗之材料。

㈢進行活動前應逐一介紹每一學習區的教具、玩具，若有必要應詳細說明及示範，引導幼兒使用及收拾。

㈣隨時注意觀察幼兒互動情形，若出現搶奪、爭執，教師應適時扮演問題解決者的角色。

㈤發現幼兒出現學習瓶頸時，應適時扮演催化者、材料提供者或個別輔導者的角色。

㈥幼兒自由選擇與探索過程，應詳細記錄，以了解幼兒學習狀況，並作為未來設置學習區之參考依據。

㈦活動過程儘量減少不必要的干擾，要求幼兒做到以眼神或細微的動作尋求協助。

自由活動提供幼兒充分的同儕互動與探索機會，因此試教時不應只是要求安靜或準時收拾，應是適時引導幼兒探索學習，讓幼兒

在自主自發的學習過程中，培養專注力、創造力，才是設計自由活動最主要的目的。

 貳　分組活動

一、目的

圖 4-4　分組活動

提供幼兒實際操作、探索不同活動的機會，充實幼兒生活經驗（如圖 4-4）。

二、實施時注意事項

（一）活動設計時

　　1.配合主題單元及幼兒能力、需求，設計不同的小組活動內容。

　　2.依據活動室大小、幼生人數，決定分組數。

（二）活動前

　　1.依幼兒能力分組，可安排不同能力的幼兒在同一組，或安排小幫手帶領分組活動之進行。

　　2.教具、玩具、材料準備妥善，要求幼生輪流使用材料。

　　3.詳細說明各組活動內容及進度，鼓勵幼兒合作，不互相干擾活動之進行。

（三）活動過程

　　1.隨時觀察幼兒活動情形，適時提供必要的引導與回饋。

　　2.掌握適當的活動時間，應密切注意幼兒活動狀況，以便決定延長或提早結束，避免因匆促轉換分組活動，造成幼兒抗拒。

　　3.引導游離幼兒加入活動，對於專注活動的幼兒給予鼓勵，可提升分組活動的效果。

分組活動是提供不同或相同的活動內容，來滿足幼兒的需求，因此試教前應妥善安排組別、準備材料，試教過程應確實掌握時間，鼓勵幼兒積極投入活動，才能落實分組學習活動的功能。

 團體活動

一、目的

　　獲得整體活動的概念，引發繼續探索學習的動機，建立新觀念統整經驗（如圖4-5）。

圖4-5　團體活動：體能活動，首重安全

二、實施時注意事項

㈠時間長短恰當：以精簡的說明、簡短的故事、影片或展示，讓幼兒了解活動內容時，應注意時間的長短，避免因時間太長，導致幼兒失去興趣與注意力。

㈡以動態活動吸引幼兒：欲集合幼兒參與團體活動時，可以用鈴聲、歌唱、布偶或手指謠、肢體動作來吸引幼兒，待幼兒陸續來到，立刻展開活動，因為等待時間過久，易引起幼兒躁動。

㈢請實習機構輔導教師協助安撫騷動的幼兒，若持續發生行為問題，應採適當行動制止。

　　團體活動提供活動提示的機會及統整經驗的功能，但團體活動時間太長，不但容易引起幼兒躁動，還會剝奪幼兒參與操作的時間，因此試教時應通盤考量，以免降低教保活動成效。

肆 討論、分享活動

圖4-6　討論、分享

一、目的

增進語文表達能力，了解他人的想法，統整活動經驗（如圖4-6）。

二、實施時注意事項

㈠討論時間以不超過十五分鐘為原則，以免引起幼兒不耐煩。

㈡鼓勵每位幼兒發表，輪流發表時應專心聆聽。

㈢討論、分享應以幼兒為主體，教師只扮演引導、刺激思考、提示討論方向的角色。

㈣分享活動避免千篇一律的讓幼兒說出活動的感覺，或說明自己作品，可用韻律活動、角色扮演、繪畫（合作畫）、展示或遊戲來統整活動內容。

㈤對於發言冗長的幼生，應提醒掌握時間，或適時引導其停止發言，以免其他幼兒躁動。

討論活動可了解幼兒的想法，分享活動能讓幼兒了解活動結束，即將準備換下一個活動的意義。試教時應一方面鼓勵每位幼兒說話、聽別人說話，另一方面將活動內容統整，才能達到討論、分享之功能。

伍 其他活動

一、晨間活動

保育體操、律動、體能遊戲是幼兒活絡筋骨的好活動，應配合音樂適當安排在晨間活動中；另外，說故事、兒童劇（角色扮演）、音樂活動、氣象報告、近日重大時事新聞……等活動，都可利用晨間活動來擴展幼兒視野（如圖4-7）。

圖 4-7　保育體操活動

二、課間自由遊戲

提供足夠的器材、要求正確的玩法、注意安全導護……等，是此活動應特別注意的事項。

三、餐點活動

餐點時間是幼兒享受食物、互相溝通的時段，應以漸進方式培養幼兒自理能力，讓幼兒能自己進食、自行收拾。

四、午休時間

　　播放輕柔的音樂，放下窗簾，拍背、安撫幼兒使其入睡，千萬別在睡前安排遊戲、觀賞影帶、聽故事帶……等活動，如此安排可能會造成幼兒興奮而難以入睡；對於不肯入睡的幼兒，可請他躺著休息或靜聽音樂，從事安靜的活動。

　　庫寧（Kounin, 1970）在《教室的常規與團體管理》書中，指出有效能的教師知道活動室中任何時刻所發生的事情，能「掌握全局」，並有「同時處理」兩件事情的能力。由此可知，試教時營造豐富刺激的學習環境是不夠的，還要能眼觀四面、耳聽八方、面帶微笑，善於時間管理與溝通，無條件地積極關注幼兒，使教保活動銜接流暢，才是掌握全局的有效能教師。

　　總之，詳細地計畫試教，有系統地執行每一個活動流程，讓活動室散發自由、有紀律的氣息，使幼兒自主自發地專注探索操作，能彈性處理任何時刻所發生的事情，是教保工作者應努力的方向。

　　圖 4-8　教保實習前先模擬實習情境

第四節
教保實習評量

　　教保實習評量的詳細內容，已於第一章說明，本節僅就試教部分之評量說明如下：

- ・教保實習前：編寫教保活動設計，於實習前一週完成。
- ・試教：教保實習試教評量表（如表 1-12）。

　　　　試教日誌（如表 4-10）。

　　　　教學情境布置、製作教具、教保知能。

- ・教保實習結束：每組一本實習手冊（如圖 4-10、4-11）、專
題研究報告（詳見第一章規定，如圖 4-9）。

　　　　教保實習心得報告

　　　　幼兒學習活動觀察記錄

　　　　成長書（如圖 4-12）

圖 4-9　專題報告

表 4-10　試教日誌

實 習 生		試教班級		日　期	年　　月　　日星期	
活動主題				地　點		
活動目標						
教學資源						
活動內容						
活動檢討						
心得						
建議						
教師評閱						

實習指導教師：　　　　　　　　輔導教師：

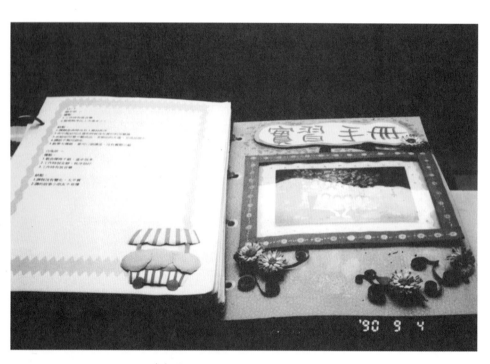

圖4-10　實習手冊㈠

圖4-11　實習手冊㈡

圖 4-12　成長書

　　教保實習是集中實習前的準備工作，實習工作內容大致相同，只是教保實習是在完全沒有直接經驗的情況下分段學習，而集中實習是在有片段直接經驗後進行學習，讓學生進一步獲得教保知能的統整經驗。

　　因此為了讓教保實習發揮更大功能，在教保實習期間應要求學生於各項實習工作前，事先計畫、準備，並於各項實習後進行檢討座談或專題研討，才能讓學生獲得教保實習的統整經驗，啟發專業性的教保理念，以便為下一階段集中實習做好充分的準備。

　　最後，提供教保實習進階圖（如圖 4-13），讓學生檢視自我在教保實習過程中的成果與缺失。

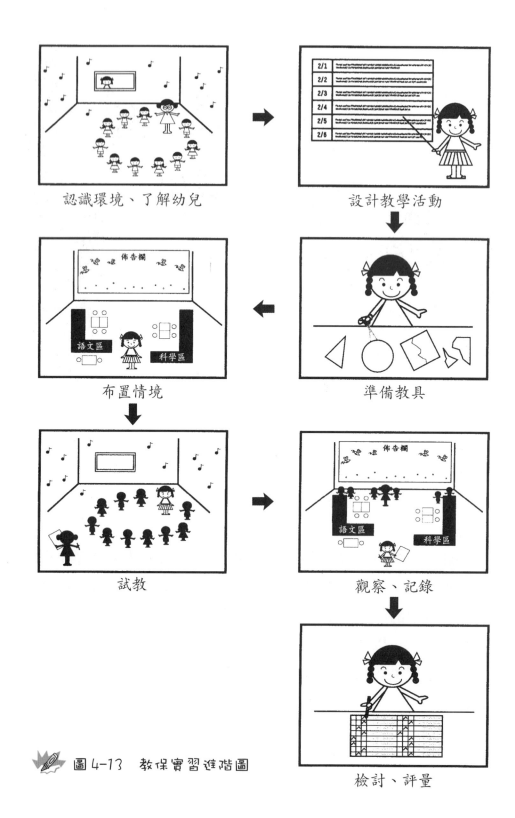

認識環境、了解幼兒

設計教學活動

布置情境

準備教具

試教

觀察、記錄

檢討、評量

圖4-13　教保實習進階圖

意義	學生在實習指導教師的指導協助下，事前充分準備、計畫，透過實地試教，來獲得實際教保經驗與基本教保知能的活動
準備	1. 分組：依實習機構班級數、實際需要分組 2. 聯繫：與實習機構聯繫教保實習相關事宜 3. 編寫教保活動設計：含認知、技能、情意三方面 4. 布置教學情境：符合適合、豐富、自由、責任、興趣、統整六原則 5. 製作教具：顧及安全性、經濟實用性、趣味性、精緻性、多元性 6. 幼兒學習活動的觀察與記錄：分結構式與非結構式
分組試教	試教宜採「逐步進階」方式進行，安排原則如下： ・單一活動 → 銜接二個活動 → 一個上午的活動 → 全天活動 ・靜態 → 動態 → 動、靜穿插 ・室內 → 戶外 → 室內、戶外穿插 → 戶外教學 ・實習機構輔導教師協助 → 獨立試教 教保活動型態： ・自由活動 ・分組活動 ・團體活動 ・討論、分享活動 ・其他：晨間活動、課間自由遊戲、餐點活動、午休時間……等
評量	教保實習前： 　　編寫教保活動設計 試教： 　　教保實習試教評量表、試教日誌、教學情境布置、製作教具、教保知能 教保實習結束： 　　實習手冊、教保實習心得報告、幼兒學習活動觀察記錄、成長書

4

教保實習

一、是非

（　）1. 教保實習是一種綜合性的實務工作。

（　）2. 教保實習分組應依教師喜好進行分組。

（　）3. 教保實習分組最好每二人一組，有助試教工作之進行。

（　）4. 教保活動設計應包含認知、技能、情意三方面。

（　）5. 教學情境的布置，對幼兒會產生潛移默化的影響力，所以不可忽視。

（　）6. 赫伯主張：兒童應多與實物接觸。

（　）7. 以描述性的方式記錄幼兒在任何時、地、物的觀察記錄，屬結構式的觀察記錄。

（　）8. 教保實習時的分組試教，應採「逐步進階」方式進行。

（　）9. 實習生於分組試教時，最棘手的問題是製作教具。

（　）10. 教保活動設計定案後，最好不要改變，以免實習生試教時手忙腳亂。

（　）11. 每項教保活動的進行，應特別強調幼兒學習結果的表現。

（　）12. 設計製作能激發自學動機的多元教具，可提升教學效果。

（　）13. 讓幼兒進行自由活動時，應要求幼兒安靜活動。

（　）14. 幼兒進行各項學習活動時，應視活動狀況彈性調整活動時間。

（　）15. 團體活動時間太長，容易引起幼兒躁動。

二、選擇

（　）1. 關於教保活動設計的敘述，何者錯誤？　(A)教保活動設計應重視新、舊經驗的銜接　(B)活動設計宜由深而淺，由簡而繁　(C)每天活動應含團體、小組、個別的活動　(D)活動設計應配合幼兒身心發展與生活經驗。

（　）2. 教保活動設計完畢，應依下列何者選擇合適教學法？①教保目標②教育政策③教保對象④教保活動內容⑤教育

法令　(A)①②③　(B)①④⑤　(C)①③④　(D)②③⑤。

（　　）3.布置教學情境時，應掌握那些原則？①教育原則②豐富原則③統整原則④自由原則⑤適合原則　(A)①②③④⑤　(B)①②③⑤　(C)②③④⑤　(D)①②③④。

（　　）4.教學情境布置應配合活動主題，設置多元豐富的原始材料，此乃符合情境布置的那一原則？　(A)多元原則　(B)豐富原則　(C)責任原則　(D)統整原則。

（　　）5.請依序寫出教具設計製作流程。①考慮對象②確認目標③決定製作材料④試用與修改⑤製作教具⑥撰寫教具卡　(A)②→①→③→⑤→⑥→④　(B)①→②→③→⑤→⑥→④　(C)①→②→③→⑤→④→⑥　(D)②→①→③→⑤→④→⑥。

（　　）6.製作教具應顧及那些原則？①安全性②教育性③趣味性④多元性⑤實用性　(A)①②③④　(B)③④⑤　(C)②③④⑤　(D)①③④⑤。

（　　）7.當幼兒出現學習瓶頸時，保育人員應扮演何角色？　(A)指導者　(B)代勞者　(C)教育者　(D)輔導者。

（　　）8.引導幼兒討論，最好勿超過幾分鐘？　(A)5分　(B)10分　(C)15分　(D)20分。

（　　）9.下列那些活動能引起幼兒注意，進而吸引幼兒參與團體活動？①布偶②歌唱③手指謠④鈴聲　(A)①②③④　(B)①③④　(C)②③④　(D)①②④。

（　　）10.下列敘述何者錯誤？　(A)睡前安排遊戲、觀賞影帶，能助幼兒入睡　(B)睡前安排遊戲、觀賞影帶，可能會造成幼兒興奮而難以入睡　(C)睡前播放輕柔的音樂，有助幼兒入睡　(D)對於不肯午睡的幼兒，不應強迫其入睡。

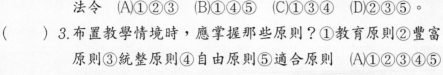

教保實習

一、試述教保實習的意義。

二、簡述教保實習前的準備工作為何？

三、試述教保活動設計時，應注意事項。

四、試述布置教學情境應掌握之原則。

五、試述教具的功能。

六、試述教具設計製作流程。

七、試以「可愛的動物」為題，設計一教學活動，適用年齡、教學時間自訂。

八、試以一特定幼兒為對象，進行一非結構式觀察與記錄。

九、試述安排試教活動之原則。

十、試述進行自由活動時，應注意事項。

十一、試述進行討論、分享活動時，應注意事項。

十二、試述讓幼兒順利午休的方法。

十三、試述庫寧稱何者為有效能的教師。

十四、任意列舉一項幼兒偶發事件實例，並回憶處理情形，寫下你對此事件的看法。

十五、請設計一項能擴展幼兒視野，培養幼兒思考的晨間活動。

評量解答

一、是非

1.（○）　9.（×）
2.（×）　10.（×）
3.（○）　11.（×）
4.（○）　12.（○）
5.（○）　13.（×）
6.（○）　14.（○）
7.（×）　15.（○）
8.（○）

二、選擇

1.（B）　6.（D）
2.（C）　7.（D）
3.（C）　8.（C）
4.（B）　9.（A）
5.（A）　10.（A）

4

教保實習

心得筆記欄

附　錄

（校名）學生校內實習要點

八十七年八月修訂

1. 本要點依據職業學校規程第四十一條及實習輔導處實習計畫訂定之。

2. 實習場所及參加實習學生規定如下：

   實習餐廳：家政科一、二、三年級。

   實習托兒所：幼兒保育科一、二、三年級。

   實習商店：商業經營科、會計事務科、資料處理科二年級。

3. 實習班級及分組輪值實習之順序，由所屬實習部門指導老師決定，經實習組長或科主任核閱後公布實行之。

4. 學生實習時間由實習輔導處主任會同教務處主任決定之，如遇例假及考試期間則停止實習。

5. 實習學生必須按時進退，如未經准假離席或擅自離開者，一律以曠課論。

6. 實習學生須遵守所屬實習部門規章，並應服從各輔導人員之指導。

7. 實習學生經派定工作後須確實盡職不得推諉玩忽。

8. 實習學生損毀公物須照價賠償。

9. 實習學生須按時填寫實習日誌。

10. 實習學生如違反本要點，由指導老師簽請學校予以處分。

11. 本要點經校長核准後實施，修訂亦同。

附錄 2

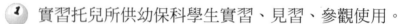

（校名）幼保科實習托兒所管理規則

①　實習托兒所供幼保科學生實習、見習、參觀使用。

②　非實習期間，學生不得進入實習托兒所。（幼保三學生製作幼兒成長書不受此限）

③　實習生應配合托兒所作息，不得擅自更改作息規定。

④　實習期間實習生不得任意離開實習托兒所。

⑤　實習生應協助各組教師維護幼生安全，確實做好導護工作，如遇意外狀況應立即與實習處或幼保科主任聯繫。

⑥　參觀實習托兒所應於一週前由任課教師向實習處申請，核准後始可參觀。

⑦　實習生借用托兒所各項教學資源，應配合借用時間，並填寫借用登記表，如期歸還。

⑧　實習期間使用之教材、教具，應於實習三天前提出申請。

⑨　每天實習結束，實習生應填實習日誌，並整理實習環境。

⑩　本管理規則經校長核准後實施，修訂亦同。

（校名）幼保科學生校內托兒所實習細則

1. 本細則依據校內實習要點訂定之。
2. 幼保科一、二年級學生按編定之順序、時間前往附設托兒所實習。
3. 實習內容：
   1. 幼保三學生配合教保實務課程至托兒所實習（詳細內容如教保實習手冊）。
   2. 幼保二實習生擔任觀察見習及幼生安全導護、行政參與等工作（詳細內容如校內實習須知）。
   3. 幼保一實習生擔任觀摩見習及協助照顧幼生安全、幼兒餐點製備等工作（詳細內容如校內實習須知）。
4. 實習生應配合托兒所作息時間實習，自上午七時四十分至下午四時半止。
5. 實習生應按時進退，未經准假或擅自離開者一律以曠課論。
6. 實習生於實習期間應隨時留意幼兒戶外活動安全，如遇偶發事件應立即報告托兒所保育人員或實習輔導處處理。
7. 實習生應按規定填寫各項實習日誌，送請托兒所老師簽閱，並於週末送交實習輔導處。
8. 學期結束由指導老師依據校內實習或成績考核表逐項評分，心得報告由幼保科主任評閱，再彙集評定為學生校內實習成績。

（校名）（　）學年度第（　）學期幼保科學生校內實習輪值表

月/日 星期							
門口 7:50 — 9:00	門口	考號					
		姓名					
	戶外導護	考號					
		姓名					
	廚房	考號					
		姓名					
9:00 — 11:30	行政	考號					
		姓名					
	綿羊班	考號					
		姓名					
	白兔班	考號					
		姓名					
	廚房	考號					
		姓名					
11:30 — 12:10							
12:10 — 16:30							

高一實習同學工作內容
1. 清洗廚具、餐具
2. 關廚房門窗、瓦斯
3. 拖地（含廚房、廁所）
4. 填寫實習日誌
5. 簽名
6. 回教室上下午課

註一：門口工作內容
① 開關幼稚園大門
② 與學生家長問早、道好
③ 登記聯繫幼生家長交辦、叮嚀事項

註二：戶外導護工作內容
① 幼生戶外活動安全導護
② 幼生危險動作之預防
③ 協助意外事件之處理

備註：

2.此實習成績由科主任、幼稚園教師考核，列入實習成績計算。

可互調。

1.遇任何情況，需與同學互調實習者，請向指導老師填寫申請表，經核准始

註：各班偶發事件請詳細填寫於實習日誌

6.至行政組同學處簽名

5.幼生返家後整理教室環境

4.下午至廚房領取點心並送回餐盤

3.隨時與該班導師隨班輔導幼生環境。

2.協助教師教學、布置情境、整理環境

1.協助幼生行為觀察記錄

(二)管理（綿羊班、白兔班）

2.開關門

1.負責接聽電話（記錄）

(一)行政
高二實習同學工作內容

④廁所清潔

③燒開水、供應茶水

②協助備餐

①協助製備餐點

註三：廚房工作內容

6.幼生文具用品使用登記處理（含整

5.檢查戶外遊樂設施（填寫記錄）

4.填寫實習日誌

3.整理辦公室、資源室

參考書目

○ 谷瑞勉（民88）：幼稚園班級經營。台北：心理。

○ 李園會、劉錦志合著（民77）：幼稚園教育實習。台北：五南。

○ 洪鳳儀（民89）：生涯規畫。台北：揚智文化。

○ 黃意舒（民85）：兒童行為觀察法與應用。台北：心理。

○ 黃炳煌（民70）：師範院校教育實習之檢討，台灣教育，*372*，p.7~18。

○ 劉信吾（民88）：教學媒體（第二版）。台北：心理。

○ 鄭玉珠（民89）：嬰幼兒發展與保育。台北：美新。

○ 盧美貴（民80）：開放式幼兒活動設計。台北：心理。

○ Kounin J. (1970)：Discipline and Group Management in Classrooms, NY: Holt, Rinehart & Winston.

高職用書 3

教保實務 I

作　　　者：鄭玉珠

執 行 編 輯：陳文玲

執 行 主 編：張毓如

總 編 輯：吳道愉

發 行 人：邱維城

出 版 者：心理出版社股份有限公司

社　　　址：台北市和平東路二段 163 號 4 樓

總　　　機：(02) 27069505

傳　　　真：(02) 23254014

郵　　　撥：19293172

　E-mail　：psychoco@ms15.hinet.net

網　　　址：www.psy.com.tw

駐美代表：Lisa Wu

　Tel　：973 546-5845　　　　　Fax：973 546-7651

登 記 證：局版北市業字第 1372 號

電腦排版：臻圓打字印刷有限公司

印 刷 者：呈峰彩色印刷有限公司

初版一刷：2002 年 7 月

定價：新台幣 250 元

ISBN 957-702-520-X

國家圖書館出版品預行編目資料

教保實務 / 鄭玉珠著. — 初版. —臺北：
心理, 2002（民91）
　　冊；　　公分. —（高職用書；3）
參考書目：面
ISBN 957-702-520-X（第1冊：平裝）

1.學前教育—教學法　2.幼稚園—管理

523.23　　　　　　　　　　　　91012110

讀者意見回函卡

感謝您購買本公司出版品。為提升我們的服務品質，請惠填以下資料寄回本社【或傳眞(02)2325-4014】提供我們出書、修訂及辦活動之參考。您將不定期收到本公司最新出版及活動訊息。謝謝您！

姓名：_____　　性別：1□男 2□女

職業：1□教師 2□學生 3□上班族 4□家庭主婦 5□自由業 6□其他_____

學歷：1□博士 2□碩士 3□大學 4□專科 5□高中 6□國中 7□國中以下

服務單位：_____　部門：_____職稱：_____

服務地址：_____　電話：_____　傳眞：_____

住家地址：_____　電話：_____　傳眞：_____

電子郵件地址：_____

書名：_____

一、您認為本書的優點：（可複選）

　　❶□內容 ❷□文筆 ❸□校對 ❹□編排 ❺□封面 ❻□其他_____

二、您認為本書需再加強的地方：（可複選）

　　❶□內容 ❷□文筆 ❸□校對 ❹□編排 ❺□封面 ❻□其他_____

三、您購買本書的消息來源：（請單選）

　　❶□本公司 ❷□逛書局⇨_____書局 ❸□老師或親友介紹

　　❹□書展⇨____書展 ❺□心理心雜誌 ❻□書評 ❼□其他_____

四、您希望我們舉辦何種活動：（可複選）

　　❶□作者演講 ❷□研習會 ❸□研討會 ❹□書展 ❺□其他_____

五、您購買本書的原因：（可複選）

　　❶□對主題感興趣 ❷□上課教材⇨課程名稱_____

　　❸□舉辦活動 ❹□其他_____　　　　　（請翻頁繼續）

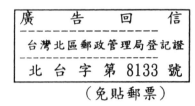

廣　告　回　信
台灣北區郵政管理局登記證
北 台 字 第 8133 號

（免貼郵票）

 心理出版社 股份有限公司

台北市 106 和平東路二段 163 號 4 樓

TEL:(02)2706-9505
FAX:(02)2325-4014
EMAIL:psychoco@ms15.hinet.net

沿線對折訂好後寄回

六、您希望我們多出版何種類型的書籍

　　❶□心理❷□輔導❸□教育❹□社工❺□測驗❻□其他

七、如果您是老師，是否有撰寫教科書的計劃：□有□無

　　書名/課程：＿＿＿＿＿＿＿＿＿＿＿＿＿＿＿＿＿＿＿＿

八、您教授/修習的課程：

上學期：＿＿＿＿＿＿＿＿＿＿＿＿＿＿＿＿＿＿＿＿＿＿

下學期：＿＿＿＿＿＿＿＿＿＿＿＿＿＿＿＿＿＿＿＿＿＿

進修班：＿＿＿＿＿＿＿＿＿＿＿＿＿＿＿＿＿＿＿＿＿＿

暑　假：＿＿＿＿＿＿＿＿＿＿＿＿＿＿＿＿＿＿＿＿＿＿

寒　假：＿＿＿＿＿＿＿＿＿＿＿＿＿＿＿＿＿＿＿＿＿＿

學分班：＿＿＿＿＿＿＿＿＿＿＿＿＿＿＿＿＿＿＿＿＿＿

九、您的其他意見

＿＿＿＿＿＿＿＿＿＿＿＿＿＿＿＿＿＿＿＿＿＿＿＿＿＿＿

謝謝您的指教！

54003